Alfons Axmann, Gabriele Hohwieler-Brünner

Deutsch/Kommunikation
Berufliche Grundbildung

1. Auflage

Bestellnummer 40105

Bildquellenverzeichnis

BilderBox, Thening, S. 6, 38, 44 (oben), 102 (2x), 110
Bildarchiv Preußischer Kulturbesitz, Berlin, S. 33
Diogenes Verlag AG, Zürich, S. 40
Dudenverlag, Mannheim, S. 8
fotolia, Berlin S. 19 (Michael Goncalves), S. 27 (Rados, Brzozowski), S. 30 (Barbara Helgason),
S. 31 (Maciej Dunajewski), S. 54 (Gaucholino)
Junge karriere, S. 95 (Fotografen: Andi Goral; ZEFA; Markus Gloger/Joker)
MEV Verlag GmbH, Augsburg, S. 35, 44 (2x unten), 82, 91 (3x), 100, 108 (2x)
picture-alliance, S. 39 (dpa), 43 (dpa), 46 (united archives), 58 (dpa), 62 (dpa), 64 (dpa), 68 (akg), 107 (dpa)
pixelio/RitchiS1, S. 36
Projekt Photos GmbH & Co KG, Augsburg, S. 47, 99
Sammlung Luchterhand, München, S. 59
ullstein bild, Berlin, S. 70
Wissen Media Verlag GmbH, Gütersloh, S. 8

Karikaturen/Zeichnungen

Brauner Angelika, S. 49, 74
Buttkai, Miklos, S. 83
Kurtz, Cornelia, S. 17, 45
Neuss, Evelyn, S. 6
Schönfeld, Karl-Heinz, S. 89
Stuttmann, Klaus, S. 12, 85 (2x)
Wetterauer, Oliver, S. 22 (2x)

Haben Sie Anregungen oder Kritikpunkte zu diesem Produkt?
Dann senden Sie eine E-Mail an 40105@bv-1.de
Autoren und Verlag freuen sich auf Ihre Rückmeldung.

www.bildungsverlag1.de

Bildungsverlag EINS GmbH
Sieglarer Straße 2, 53842 Troisdorf

ISBN 978-3-427-40105-6

© Copyright 2009: Bildungsverlag EINS GmbH, Troisdorf
Das Werk und seine Teile sind urheberrechtlich geschützt. Jede Nutzung in anderen als den gesetzlich zugelassenen Fällen bedarf der vorherigen schriftlichen Einwilligung des Verlages.
Hinweis zu § 52a UrhG: Weder das Werk noch seine Teile dürfen ohne eine solche Einwilligung eingescannt und in ein Netzwerk eingestellt werden. Dies gilt auch für Intranets von Schulen und sonstigen Bildungseinrichtungen.

Inhaltsverzeichnis

Vorwort 5

Lernbereich 1 – Reflexion über Sprache und Kommunikation

1 **Kommunikationsmodell** 6
2 **Umgang mit Wörterbüchern** 8
    2.1 Mit dem Wörterverzeichnis arbeiten 9
    2.2 In Wörterbüchern nachschlagen 12
3 **Wortarten** 13
    3.1 Eine Übersicht 13
    3.2 Das Substantiv (Nomen) 15
    3.3 Das Verb 17
    3.4 Das Adjektiv 21
    3.5 Woher kommen die Wörter – Wortfamilie 23
4 **Zeichensetzung** 27
    4.1 In Stationen lernen 27
    4.2 Gleiches passt gut zusammen 28
    4.3 Nebensätze trennen 30
    4.4 Aufzählungen mit und ohne Komma 31
    4.5 Goethes Briefwechsel mit einem Kinde 33
    4.6 „Hallo, Herr Kaiser!" 34
    4.7 Goethe und das Schinkenbrötchen 35
    4.8 Und noch ein Zusatz 36
    4.9 Adjektiv und Substantiv – untrennbar 38
5 **Satzglieder** 39
    5.1 Die Satzglieder 39
    5.2 Das Subjekt 40
    5.3 Das Objekt 42
    5.4 Das Prädikat 43
    5.5 Das Adverbiale 44
    5.6 Das Attribut – eine nähere Bestimmung 46
    5.7 Übungen zu den Satzgliedern 47
6 **Rechtschreibung** 48
    6.1 Den Weg finden – Straßennamen 48
    6.2 Die Rechtschreibung verbessern – s, ss oder ß? 51
    6.3 Übungen zum s-Laut 53

Lernbereich 2 – Lesen, mit Texten umgehen, Schreiben

1 **Mit Texten umgehen** 54
    1.1 Fünf-Schritt-Lesemethode 54
    1.2 Einen Text ordnen und gliedern 58
    1.3 Lesenswert – eine Buchvorstellung 60
    1.4 Buch und Film – Unterschiede aufzeigen 62
    1.5 Der Film Alexander – den Inhalt erfassen 64
    1.6 Inhaltsangabe 67
2 **Umgang mit Sachtexten** 73
    2.1 Einen Bericht anfertigen 73
    2.2 Unfallanzeige 76
    2.3 Gebrauchsanleitung 78
    2.4 Aufbauanleitung 80
    2.5 Einen Kurzvortrag halten 83

Inhaltsverzeichnis

Lernbereich 3 – Schriftliche Bewerbung

1	**Die schriftliche Bewerbung**	**86**
	1.1 Die schriftliche Bewerbung	86
	1.2 Steckbrief	88
	1.3 Berufe gestern und heute	89
	1.4 Das Bewerbungsschreiben	91
	1.5 Der Lebenslauf	93
	1.6 Das Bewerbungsfoto	95
	1.7 Was noch zu beachten ist	96
2	**Die Online-Bewerbung**	**97**

Lernbereich 4 – Vorstellungsgespräch führen und auswerten

1	**Der Einstellungstest**	**99**
2	**Das Vorstellungsgespräch**	**102**
3	**Mind-Map: Von der Bewerbung bis zur Einstellung**	**105**

Lernbereich 5 – Mit Konflikten umgehen

1	**Konfliktsituationen**	**106**
	1.1 Konflikte beschreiben	106
	1.2 Konflikte in der Fabel	107
2	**Gesprächsregeln**	**108**
3	**Konfliktlösungen**	**110**

Vorwort

Liebe Schülerinnen und Schüler,

mit dem Deutschbuch „Berufliche Grundbildung", das Sie jetzt in Händen halten, können Sie Ihre bereits vorliegenden Grundlagen in Deutsch sichern und vertiefen. Das Buch soll Sie insbesondere unterstützen, durch Fach-, Sozial- und Methodenkompetenz die für Ihre Zukunft wichtige berufliche Handlungskompetenz weiter zu entwickeln.

Das Deutschbuch „Berufliche Grundbildung" ist in die Lernbereiche
- Reflexion über Sprache und Kommunikation
- Lesen, mit Texten umgehen, Schreiben
- Schriftliche Bewerbung
- Vorstellungsgespräch führen und auswerten
- Mit Konflikten umgehen

gegliedert. Es ist jedoch nicht ausgeschlossen, dass einzelne Lernbereiche erst teilweise und in einer anderen Reihenfolge bearbeitet werden.

Gerade der Bereich Sozialkompetenz spielt für die berufliche Zukunft eine immer stärkere Rolle. Die Möglichkeit, in Partner- und Gruppenarbeit oder in Rollenspielen einen Lernbereich gemeinsam zu bearbeiten, ist deshalb besonders gegeben. Weiterhin hilft das Buch auch, Sie mit der Fertigkeit auszustatten, selbstständig Probleme zu lösen und Ihre Lernkompetenz zu stärken.

Die Möglichkeit, Ihre Methodenkompetenz zu verbessern, bieten wir Ihnen, indem zur Lösung der Aufgaben verschiedene Methoden wie Fallbeispiele, Markierungstechniken, Textanalyse, Präsentation, Mindmap usw. eingesetzt werden.

Die Seiten sind mit verschiedenen Symbolen versehen, die Ihnen die Orientierung erleichtern.

R — Wenn Sie die Regeln und Hinweise sorgfältig lesen, helfen Sie Ihnen, die Aufgaben korrekt zu bearbeiten. Mithilfe der Übungen können Sie sich die Regeln einprägen.

A — Dieses Symbol weist auf Aufgaben und Arbeitshinweise hin, die Sie direkt in Ihrem Buch alleine oder gemeinsam mit der Lerngruppe bearbeiten und lösen können.

M — Hier finden Sie wichtige Merksätze, die Sie unbedingt beachten sollten.

T — Tipps und nützliche Hinweise helfen Ihnen weiter.

Wir wünschen Ihnen einen interessanten und aktiven Deutschunterricht und viel Erfolg für Ihre berufliche Zukunft.

Alfons Axmann
Gabriele Hohwieler-Brünner

Lernbereich 1 — Reflexion über Sprache und Kommunikation

1 Kommunikationsmodell

Eines der bekanntesten Kommunikationsmodelle ist das **„Vier-Ohren-Modell"** von Friedemann Schulz von Thun. Es gibt vier Ebenen der Kommunikation, jede Ebene hat eine unterschiedliche Aussage. Dies zu wissen, hilft nicht nur im Privatleben, sondern auch in der Schule oder in Ihrem späteren Berufsleben. Menschen reden und hören immer vierseitig.

Die vier Botschaften einer Nachricht bestehen aus:

- einer **Sachinformation** ⟶ Worüber Sie informieren.
- einer **Selbstkundgabe** ⟶ Was Sie von sich selbst zu erkennen geben.
- einem **Beziehungshinweis** ⟶ Was Sie von jemand anderem halten und wie Sie zu ihm stehen.
- einem **Appell** ⟶ Was Sie erreichen möchten.

Auf der **Sachebene** des Gesprächs steht die Sachinformation im Vordergrund. Hier geht es um Daten, Fakten und Sachverhalte.
Für den Sender gilt es also, den Sachverhalt klar und verständlich zu vermitteln. Der Empfänger, der das Sachohr aufgesperrt hat, hört auf die Daten, Fakten und Sachverhalte.

Selbstkundgabe: Jede Äußerung enthält, ob gewollt oder nicht, eine Selbstkundgabe, einen Hinweis darauf, was in einem Menschen vorgeht, wie er sich fühlt, wofür er steht und wie er seine Rolle auffasst.

Appellebene: Wenn Sie das Wort ergreifen und es an eine andere Person richten, wollen Sie in der Regel auch etwas bewirken, Einfluss nehmen; den anderen nicht nur erreichen, sondern auch etwas bei ihm erreichen. Offen oder verdeckt geht es auf dieser Ebene um Wünsche, Appelle, Ratschläge, Handlungsanweisungen, Effekte etc.

Beziehungsebene: Wenn Sie jemanden ansprechen, geben Sie (durch Formulierung, Tonfall, Begleitmimik) auch zu erkennen, wie Sie zum Anderen stehen und was Sie von ihm halten – jedenfalls bezogen auf den aktuellen Gesprächsgegenstand. In jeder Äußerung steckt somit auch ein Beziehungshinweis, für welchen der Empfänger oft ein besonders sensibles (über)empfindliches Beziehungsohr besitzt.

Ich habe meine Hausaufgaben nicht gemacht!

Kapitel 1 – Kommunikationsmodell

Sender (Schüler):
Sachebene: „Ich habe meine Hausaufgaben nicht gemacht!"
Selbstkundgabe: „Ich hatte keine Zeit."
Beziehungsebene: „Ich bin ehrlich zu Ihnen."
Appellebene: „Sie verstehen das doch!"

Empfänger (Lehrer):
Sachebene: „Er hat keine Hausaufgaben gemacht!"
Selbstkundgabe: „Er ist zu faul gewesen."
Beziehungsebene: „Er nimmt mich nicht ernst."
Appellebene: „Ich soll keine Hausaufgaben aufgeben."

1 Benennen Sie für die folgenden Aussagen jeweils die entsprechende Ebene und begründen Sie dies kurz.

   a „Ich freue mich auf die Ferien."
   _____

   b „Draußen scheint heute die Sonne."
   _____

   c „Räume deine Kleider auf."
   _____

   d „Ich könnte weinen vor Glück."
   _____

2 Herr und Frau Werle fahren mit dem Auto in den Urlaub. An einer Ampel sagt Herr Werle zu seiner Frau, die am Steuer sitzt: **„Du, die Ampel da vorne ist doch grün!"**

Welche Aussagen sind in diesem Satz aus Sicht des Senders und des Empfängers enthalten?

	Sender (Herr Werle)	**Empfänger** (Frau Werle)
Sachebene		
Selbstkundgabe		
Beziehungsebene		
Appellebene		

2 Umgang mit Wörterbüchern

Eine genormte Rechtschreibung erleichtert die schriftliche Kommunikation.
Allerdings gibt es viele Zweifelsfälle, die kaum ohne Hilfsmittel korrekt geschrieben werden können.
Wörterbücher und Rechtschreibprogramme auf CD-ROM helfen Ihnen, gutes und richtiges Deutsch zu schreiben.
Neben der korrekten Schreibweise erstreckt sich die Hilfe auf die richtige Aussprache und den richtigen Gebrauch eines Wortes.
Darüber hinaus bietet ein Wörterbuch weitere interessante Informationen.

A Nehmen Sie Ihr Wörterbuch zur Hand.

1 Wie ist das Wörterbuch aufgebaut? Nennen Sie die wichtigsten Inhalte.

2 Warum ist es sinnvoll, dass es eine einheitliche Rechtschreibung gibt?

Kapitel 2 – Umgang mit Wörterbüchern

2.1 Mit dem Wörterverzeichnis arbeiten

Das Wörterverzeichnis, z. B. des Dudens, bietet neben der korrekten Rechtschreibung noch eine Fülle an zusätzlichen Informationen. So erfahren Sie unter anderem:
- wie ein Wort betont wird,
- wie ein Wort ausgesprochen wird,
- wie ein Wort getrennt wird,
- wie die korrekte Kasusbildung erfolgt,
- wie die neue Schreibung erfolgt (Wort in roter Farbe).

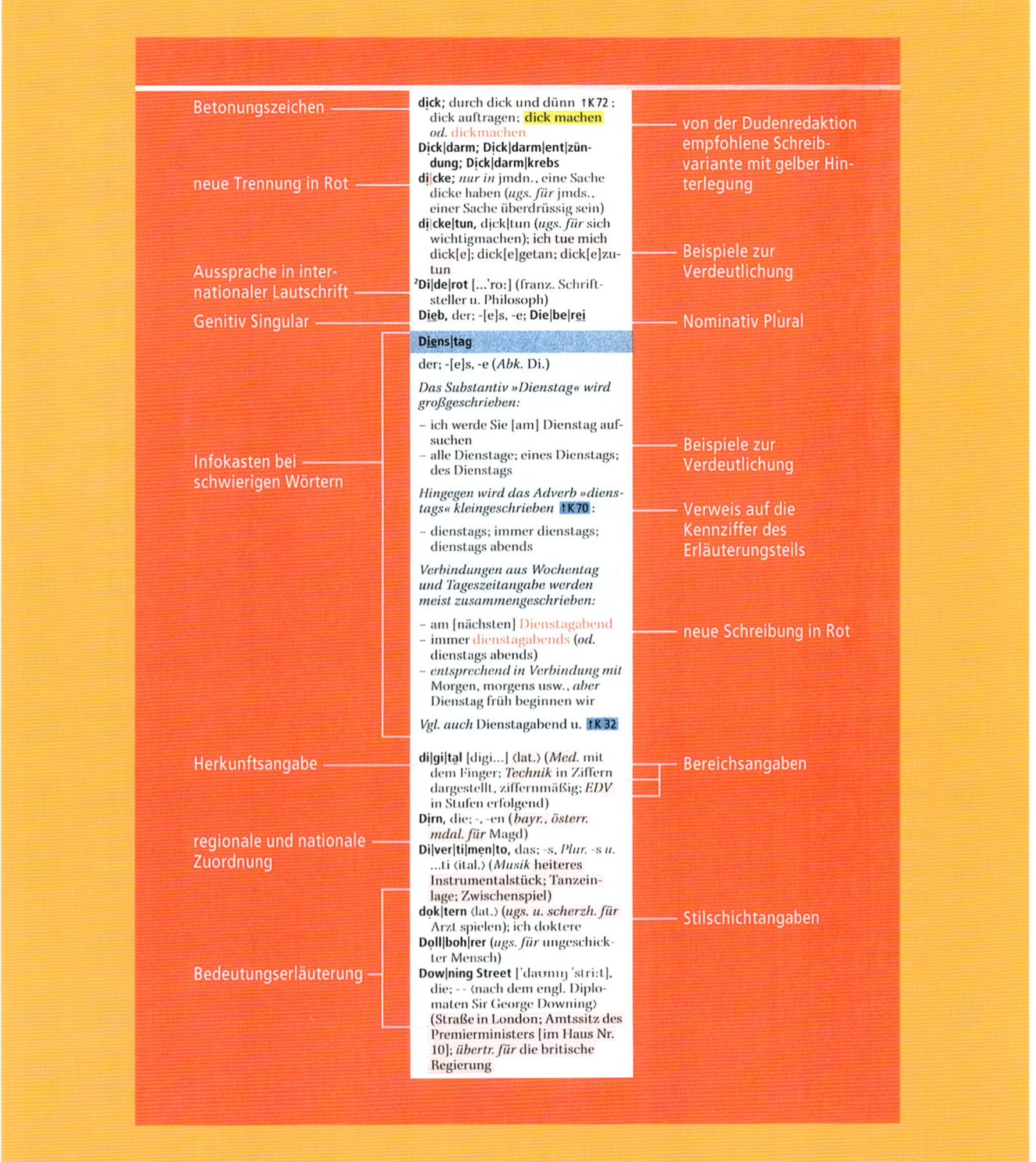

Quelle: Duden – Die deutsche Rechtschreibung, 24. Auflage, Dudenverlag, Mannheim, 2006, Einband.

Dichtheit – Dienstbotin

D Dich

halten, *aber* der Verschluss hat dicht gehalten ↑K 56
D**i**cht|heit, die; -
D**i**ch|tig|keit, die; -
D**i**cht|kunst, die; -
d**i**cht|ma|chen (*ugs. für* schließen); sie haben die Fabrik dichtgemacht; *aber* das Fass wurde dicht gemacht *od.* dichtgemacht; die Schotten dicht machen *od.* dichtmachen
¹D**i**ch|tung (Gedicht)
²D**i**ch|tung (Vorrichtung zum Dichtmachen)
D**i**ch|tungs|art; D**i**ch|tungs|gat|tung
D**i**ch|tungs|mas|se; D**i**ch|tungs|ma|te|ri|al; D**i**ch|tungs|mit|tel, das; D**i**ch|tungs|ring; D**i**ch|tungs|schei|be; D**i**ch|tungs|stoff
d**i**ck; durch dick und dünn ↑K 72; dick auftragen; dick machen *od.* dickmachen
d**i**ck|bau|chig; d**i**ck|bäu|chig
D**i**ck|blatt|ge|wächs (*Bot.*)
D**i**ck|darm; D**i**ck|darm|ent|zün|dung; D**i**ck|darm|krebs
d**i**|cke; *nur in* jmdn., eine Sache dicke haben (*ugs. für* jmds., einer Sache überdrüssig sein)
¹D**i**|cke, die; -, -n (*nur Sing.:* Dicksein; *[in Verbindung mit Maß-angaben]* Abstand von einer Seite zur anderen); Bretter von 2 mm Dicke, von verschiedenen Dicken
²D**i**|cke, der *u.* die; -n, -n
d**i**|cken (zähflüssig machen, werden); Brombeersaft dickt leicht
D**i**|ckens (engl. Schriftsteller)
D**i**|cken|wachs|tum (z. B. eines Baumes)
D**i**|cker|chen
d**i**|cke|tun, d**i**ck|tun (*ugs. für* sich wichtigmachen); ich tue mich dick[e]; dick[e]getan; dick[e]zutun
d**i**ck|fel|lig (*ugs. abwertend*); D**i**ck|fel|lig|keit, die; -
d**i**ck|flei|schig; d**i**ck|flüs|sig
D**i**ck|häu|ter
D**i**|ckicht, das; -s, -e
D**i**ck|kopf (*ugs.*); d**i**ck|köp|fig (*ugs.*)
d**i**ck|lei|big; d**i**ck|lich
dick ma|chen, d**i**ck|ma|chen *vgl.* dick
D**i**ck|ma|cher (*ugs. für* sehr kalorienreiches Nahrungsmittel)
D**i**ck|milch
D**i**ck|schä|del (*ugs.*); d**i**ck|schä|de|lig, dick|schäd|lig
D**i**ck|schiff (großes Seeschiff)
D**i**ck|sein, das; -s

D**i**ck|te, die; -, -n (*Druckw.* Buchstabenbreite)
D**i**ck|tu|er; D**i**ck|tu|e|rei; d**i**ck|tun *vgl.* dicketun
D**i**|ckung (*Jägerspr.* Dickicht)
D**i**ck|wan|dig
D**i**ck|wanst (*ugs. abwertend*)
D**i**ck|wurz (Runkelrübe)
Di|d**a**k|tik, die; -, -en ⟨griech.⟩ (Unterrichtslehre); Di|d**a**k|ti|ker; Di|d**a**k|ti|ke|rin; di|d**a**k|tisch (unterrichtskundlich; lehrhaft)
di|del|d**u**m!; di|del|d**u**m|d**ei**!
D**i**|de|rot [...ˈroː] (franz. Schriftsteller u. Philosoph)
D**i**d|ge|ri|doo [dɪdʒəriˈduː], das; -s, -s ⟨engl.⟩ (röhrenförmiges Blasinstrument der australischen Ureinwohner)
D**i**|do (sagenhafte Gründerin Karthagos)
d**ie**; der *u.* deren (*vgl. d.*); *Plur. vgl.* der
D**ie**b, der; -[e]s, -e; D**ie**|be|rei
D**ie**|bes|ban|de *vgl.* ²Bande; D**ie**|bes|beu|te; D**ie**|bes|gut; D**ie**|bes|ha|ken (²Dietrich); D**ie**|bes|nest
d**ie**|bes|si|cher
D**ie**|bes|tour; D**ie**|bes|zug; D**ie**|bin
d**ie**|bisch
D**ie**b|stahl, der; -[e]s, ...stähle; D**ie**b|stahl|ver|si|che|rung
D**ie**f|fen|b**a**|chie, die; -, -n ⟨nach dem österr. Botaniker Dieffenbach⟩ (eine Zierpflanze)
d**ie**|je|ni|ge; *Gen.* derjenigen, *Plur.* diejenigen
D**ie**|le, die; -, -n
D**ie**|l**e**k|t**ri**|kum, das; -s, ...ka ⟨griech.⟩ (elektr. Nichtleiter); di|el**e**k|trisch
D**ie**|l**e**k|tri|zi|t**ä**ts|kon|s|tan|te (Wert, der die elektrischen Eigenschaften eines Stoffes kennzeichnet; *Zeichen* ε)
d**ie**|len
D**ie**|len|bo|den; D**ie**|len|brett
Die L**i**n|ke.PDS (neuer Name der PDS [*vgl. d.*])
D**ie**|me, die; -, -n, *u.* D**ie**|men, der; -s, - (*nordd. für* [Heu]haufen)
d**ie**|nen
D**ie**|ner; D**ie**|ne|rin
d**ie**|nern; ich dienere
D**ie**|ner|schaft; D**ie**|ner|schar *vgl.* ¹Schar
d**ie**n|lich
D**ie**nst, der; -[e]s, -e; *auch* zu Diensten stehen; etw. in Dienst stellen (in Betrieb nehmen); außer Dienst (*Abk.* a. D.); der Dienst habende *od.* diensthabende Beamte; die Dienst tuende *od.* diensttuende Ärztin; Dienst leistende *od.* dienstleistende Tätigkeiten ↑K 58; ↑K 72: der Diensthabende wurde gerufen
D**ie**nst|ab|teil

Die**nstag**
der; -[e]s, -e (*Abk.* Di.)

Das Substantiv »Dienstag« wird großgeschrieben:

– ich werde Sie [am] Dienstag aufsuchen
– alle Dienstage; eines Dienstags; des Dienstags

Hingegen wird das Adverb »dienstags« kleingeschrieben ↑K 70:

– dienstags; immer dienstags; dienstags abends

Verbindungen aus Wochentag und Tageszeitangabe werden meist zusammengeschrieben:

– am [nächsten] Dienstagabend
– immer dienstagabends (*od.* dienstags abends)
– entsprechend in Verbindung mit Morgen, morgens usw., *aber* Dienstag früh beginnen wir

Vgl. auch Dienstagabend u. ↑K 32

D**ie**ns|tag|abend [*auch* ˈdiː...ˈaː...]; meine Dienstagabende sind schon alle belegt; sie kommt Dienstagabend; er ist für [diesen] Dienstagabend bestellt; *aber* dienstagabends *od.* dienstags abends spielen wir Skat; am, jeden Dienstagabend; eines schönen Dienstagabends; *vgl.* Dienstag
d**ie**ns|tä|gig *vgl.* ...tägig; d**ie**ns|täg|lich *vgl.* ...täglich
D**ie**ns|tag|nacht [*auch* ˈdiː...ˈna...] *vgl.* Dienstag
d**ie**ns|tags *vgl.* Dienstag
D**ie**nst|tags|ver|an|stal|tung
D**ie**nst|al|ter; D**ie**nst|äl|tes|te
D**ie**nst|an|tritt; D**ie**nst|an|zug; D**ie**nst|auf|fas|sung
D**ie**nst|auf|sicht; D**ie**nst|auf|sichts|be|schwer|de (*Rechtsw.*)
D**ie**nst|aus|weis
d**ie**nst|bar; D**ie**nst|bar|keit
d**ie**nst|be|flis|sen
D**ie**nst|be|ginn
d**ie**nst|be|reit; D**ie**nst|be|reit|schaft, die; -
D**ie**nst|bo|te; D**ie**nst|bo|tin

Quelle: Duden – Die deutsche Rechtschreibung, 24. Auflage, Dudenverlag, Mannheim 2006, Seite 318.

Kapitel 2 – Umgang mit Wörterbüchern

Bearbeiten Sie die folgenden Aufgaben mithilfe der Seite 318 aus dem Duden.

1. Welche der folgenden Schreibweisen ist richtig? Unterstreichen Sie diese.

   Dylektrikum   Dielektrikum   Dillektrikum   Dilectrikumm

2. Wie werden die Wörter richtig getrennt?

   Dienstantritt   Dienstagabend   dickschädelig   dienlich

   _____
   _____

3. Suchen Sie das Wort **Didgeridoo**.

   a) Wie wird das Wort ausgesprochen?

   b) Welche Bedeutung hat der Begriff?
   _____

   c) Welche weiteren Informationen erhalten Sie zu diesem Wort?
   _____
   _____

4. Ermitteln Sie mithilfe des Auszuges aus dem Wörterbuch das grammatikalische Geschlecht:

   Dicke   Dieffenbachie   Dienstgebrauch   Dienstpflicht

5. Geben Sie den Genitiv (Wesfall) und den Nominativ-Plural (Mehrzahl) folgender Substantive zusammen mit dem jeweiligen Artikel an.

das Dickicht	der Dienst	der Dieb

6. Schlagen Sie die Regeln zur Schreibweise der Tageszeiten nach und notieren Sie diese.
   _____
   _____
   _____
   _____

7. Wie lautet die norddeutsche Bezeichnung für Heuhaufen?
   _____

2.2 In Wörterbüchern nachschlagen

Die Neuregelung der deutschen Rechtschreibung ermöglicht verschiedene Schreibvarianten bei Fremdwörtern. Es empfiehlt sich jedoch, innerhalb eines Textes auf eine einheitliche Schreibweise zu achten.

- Die Wortbestandteile **graph**, **phon** und **phot** können grundsätzlich auch **graf**, **fon** und **fot** geschrieben werden.
- Nur in einigen Fällen wird das aus dem Griechischen stammende **rh** zu **r**.
- Der weitaus größte Teil der Fremdwörter ist (noch) nicht vollständig an die deutsche Rechtschreibung angeglichen.

1 Warum gibt es für Gräuel und Stängel eine neue Schreibweise?

_____
_____
_____

2 Schlagen Sie für folgende Wörter die weitere Schreibweise und den Artikel (Geschlecht) im Duden nach.

3 Welche Begriffe kennen Sie nicht? Schreiben Sie die Bedeutung heraus.

Begriff	Weitere Schreibweise	Bedeutung
Delfin		
Photographie		
Grammofon		
Majonäse		
Panter		
Portmonee		
Algrafie		
Fruchtjogurt		
Paragraph		
Herzrhythmus		
Nessessär		

3 Wortarten

3.1 Eine Übersicht

Bezeichnung	Aufgaben	Beispiel
Substantiv, Nomen (Hauptwort)	Wort, das Lebewesen und Gegenstände benennt, aber auch abstrakte Begriffe.	Tier, Hund, Blume, Tisch, Bundestag, Seele, Frieden
Artikel (Geschlechtswort)	Verdeutlicht das Geschlecht, den Fall, die Ein- oder Mehrzahl des nachfolgenden Substantivs.	der, die, das (bestimmter Artikel) ein, eine, ein (unbestimmter Artikel)
Pronomen (Fürwort)	Es steht anstelle eines Substantivs.	ich, du, er, sie, es, wir, ihr, sie, dein, unser, diese, jenes, man
Verb (Tätigkeitswort)	Bezeichnet Handlungen, Vorgänge und Zustände mit der Fähigkeit, andere Wortarten an sich zu binden.	lernen, essen, laufen, gehen, schwimmen, sitzen
Hilfsverb	Sammelbegriff für Verben, mit deren Hilfe die zusammengesetzten Zeiten gebildet werden (Bsp. Plusquamperfekt).	haben, sein, werden
Adjektiv (Eigenschaftswort)	Bezeichnet Eigenschaften von Dingen, Lebewesen und Begriffen.	lang, bunt, lieb, oval, rot, klein
Präposition (Verhältniswort)	Kennzeichnet die zeitlichen, räumlichen oder logischen Beziehungen zwischen Personen, Sachen und Vorgängen.	für, ohne, unter, auf, neben, in, mit, bei
Adverb (Umstandswort)	Bestimmt das Adjektiv, das Verb oder das Substantiv näher.	gern, sehr, fast, immer, noch, dort, hier, jetzt, morgen
Numerale (Zahlwort)	Gibt Größe, Menge oder eine Zahl an.	eins, zwei, erstens, zweitens, zweifach, dreifach, viele, alle
Konjunktion (Bindewort)	Verbindet Wörter, Satzteile und Sätze miteinander.	und, oder, aber, dass, weil, ob, wenn, sowohl … als auch
Interjektion (Empfindungswort)	Drückt unmittelbar Gefühle aus.	pfui, au, aha, oh, peng

Lernbereich 1: Reflexion über Sprache und Kommunikation

Lösen Sie das Kreuzworträtsel.

waagerecht
- 2 Steht anstelle eines Substantivs
- 3 Fürwort
- 5 Deutsch für Adjektiv
- 7 Verbindet Wörter und Satzteile
- 8 Präposition
- 9 Bestimmter Artikel, männlich
- 10 Gibt Größe, Menge oder Zahl an
- 11 Pronomen
- 12 2. Fall: wessen?
- 13 Zahlwort
- 15 Konjunktion
- 17 Verdeutlicht das Geschlecht
- 18 Anderes Wort für Nomen
- 20 Ergänzung zum Prädikat
- 21 Tätigkeitswort

senkrecht
- 1 Unbestimmter Artikel, weiblich
- 2 Zeitform
- 4 Hilfsverb
- 6 Häufig gebrauchtes Bindewort
- 7 Adjektiv, Gegenteil von groß
- 13 Fürwort, männlich
- 14 Bestimmter Artikel, sächlich
- 16 3. Fall: wem?
- 18 Hilfsverb
- 19 Lateinisch für Umstandswort

3.2 Das Substantiv (Nomen)

Substantive (Nomen) bezeichnen Dinge, die man sehen und fühlen kann. Man nennt sie konkrete Substantive. Das sind Lebewesen *(Hund, Katze, Mensch)*, Sachen *(Auto, Fenster)* und Namen *(Rainer, Barbara)*.
Abstrakte Substantive bezeichnen Dinge, die wir nur denken und fühlen können *(Seele, Frieden, Furcht, Freude)*.

- Das Substantiv wird mit großem Anfangsbuchstaben geschrieben.
- Das Substantiv ist häufig mit einem Artikel verbunden.
- Das Substantiv wird häufig als Subjekt oder Ergänzung gebraucht.
- Das Substantiv kann auch ein substantiviertes Verb, Adjektiv oder Pronomen sein.

1 Markieren Sie im Text alle Substantive und Satzanfänge.

haben sie schon einmal ein produkt gekauft, das hinterher nicht funktionierte? haben sie deswegen reklamiert? als verbraucher passiert es einem sehr oft, dass man mit einem produkt oder einer dienstleistung nicht zufrieden ist, aber trotz unzufriedenheit nichts unternimmt. die beschwerde ist nicht effektiv genug. manchmal, weil einem der mut fehlt, oft, weil man seine rechte als verbraucher nicht kennt. um bei einem fehlerhaften produkt zu reklamieren, können sie dies entweder über die gesetzliche gewährleistung oder über die garantieleistung.

2 Finden Sie fünf Substantive, die mit der Endung **-heit** enden.

3 Finden Sie fünf Substantive, die mit der Endung **-keit** enden.

4 Finden Sie fünf Substantive, die mit der Endung **-nis** enden.

5 Finden Sie fünf Substantive, die mit der Endung **-schaft** enden.

6 Finden Sie fünf Substantive, die mit der Endung **-tung** enden.

Frechheit

Tapferkeit

Gefängnis

Eigenschaft

Haftung

7 Leiten Sie von den folgenden Verben und Adjektiven das Substantiv ab.

Verb	Substantiv	Adjektiv	Substantiv
fassen	das Fass	klug	die Klugheit
wissen		gewaltig	
helfen		ehrlich	
geben		begrenzt	
reißen		schadenfroh	
riechen		kolossal	
trinken		treu	
lesen		falsch	

8 Sie kennen sicher das Spiel „Stadt, Land, Fluss".
Spielen Sie in Ihrer Lerngruppe das Spiel mit folgender Abwandlung. Jede Mitspielerin oder jeder Mitspieler muss zu dem aufgerufenen Buchstaben entsprechende Verben, Substantive, Adjektive finden.

Doppelte Punktzahl gibt es, wenn das Substantiv vom Verb abgeleitet wurde, bzw. das Substantiv vom Adjektiv.

Verb	Substantiv	Adjektiv	Punktzahl

3.3 Das Verb

Das Verb ist ein Tätigkeitswort, im Satz steht das Verb meist als Prädikat (siehe Satzglieder S. 39). Als substantivierter Infinitiv kann es Subjekt sein.

- Ein Verb lässt sich konjugieren.
- Es gibt **Vollverben:**

lesen   *stürzen*   *liegen*

- **Hilfsverben:** sein, haben, werden.
  Diese werden benötigt, um zusammengesetzte Zeiten zu bilden (Plusquamperfekt)
- **Modalverben** (Art und Weise): müssen, können, wollen

Sie können Verben wie folgt konjugieren:
Präsens (Gegenwart), Indikativ, Aktiv (Wirklichkeitsform) von lesen

Person		Singular	Plural
1	(sprechende) Person	ich lese	wir lesen
2	(angesprochene) Person	du liest	ihr lest
3	(besprochene) Person	er/sie/es liest	sie lesen

1 Konjugieren Sie folgende Verben im Präsens, Indikativ, Aktiv:

Verb	Singular	Plural
stürzen		

Verb	Singular	Plural
liegen		

Lernbereich 1: Reflexion über Sprache und Kommunikation

Sie können ein Verb in folgende Zeiten setzen:

Präsens (Gegenwart)	Ich **lese** ein Buch.	einfache Zeit
Perfekt (vollendete Gegenwart)	Du **hast** ein Buch **gelesen**.	zusammengesetzte Zeit
Präteritum (Vergangenheit)	Sie **las** gestern ein Buch.	einfache Zeit
Plusquamperfekt (Vorvergangenheit)	Wir **hatten** ein Buch **gelesen**.	zusammengesetzte Zeit
Futur I (Zukunft)	Ihr **werdet** ein Buch **lesen**.	zusammengesetzte Zeit
Futur II (vollendete Zukunft)	Sie **werden** ein Buch **gelesen haben**.	zusammengesetzte Zeit

2 Setzen Sie die Verben **stürzen** und **liegen** in die verschiedenen Zeitformen, indem Sie Sätze bilden.

Präsens	
Perfekt	
Präteritum	
Plusquamperfekt	
Futur I	
Futur II	

Kapitel 3 – Wortarten

Teile der Sprichwörter sind durcheinander geraten, die Verben verloren gegangen.

1 Ordnen Sie die Sprichwörter und ergänzen Sie das Verb.

lauter Bäumen nicht	Die Axt im Haus	Steter Tropfen	aller Tage Abend.
Morgenstund	Den Wald vor	Gold im Mund.	alle Katzen grau.
Es … nicht	Bei Nacht	Wer anderen eine	den Zimmermann.
nicht weit vom Stamm.	Der Apfel	Grube selbst hinein.	den Stein.

2 Schreiben Sie acht weitere Sprichwörter auf.

3 Führen Sie der Klasse ein Sprichwort pantomimisch vor und lassen Sie Ihre Mitschüler/innen raten.

Ihre Sprichwörter:

Lernbereich 1: Reflexion über Sprache und Kommunikation

4 In welcher Zeitform sind die folgenden Sätze geschrieben?
Kreuzen Sie die richtige Zeitform an.

	Präsens	Perfekt	Präteritum	Futur
Renate kommt für die Vorstellung zu spät in das Theater.				
Julia wird zu spät in die Schule kommen.				
Carsten ist zu spät zum Fußballspiel gekommen.				
Renate kam zu spät in das Theater.				
Helga verpasste den Zug nach Hamburg.				
Manfred wird den Bus verpassen.				
Robert hat das Taxi zum Bahnhof verpasst.				
Michael lernt fleißig für die Prüfung.				
Die Geschwister werden tüchtig für das Turnier trainieren.				
Alena hat sich vorgenommen, ihre Aufgaben zu machen.				
Die Fußballmannschaft hat das Spiel verloren.				
Die Fußballmannschaft gewinnt das Spiel.				
Konrad hat seine Hausaufgaben nicht dabei.				

3.4 Das Adjektiv

Sinnvoll ist es, bei Beschreibungen auf Adjektive zurückzugreifen, um einen Sachverhalt anschaulicher, interessanter und genauer darzulegen.

- Das Adjektiv lässt sich deklinieren.
- Das Adjektiv passt sich innerhalb eines Satzes in Kasus (Fall) und Numerus (Zahlform) dem Substantiv an.
- Das Adjektiv wird zum Adverb, wenn es mit einem Vollverb verbunden wird.
- Zu den Adjektiven gehören auch Zahlen.

1 Suchen Sie für folgende Adjektive anschaulichere, interessantere und genauere Adjektive.

ein **warmer** Sommerabend _____

ein **schnelles** Auto _____

ein **fleißiger** Schüler _____

ein **guter** Film _____

eine **schwache** Leistung _____

2 Finden Sie zu dem unten vorgegebenen Adjektiv ein zweites, das die gleiche oder ähnliche Bedeutung hat. Kreuzen Sie das passende Wort an.

hämisch	echt	kolossal	perfekt
a verschlagen	a aufrichtig	a erdrückend	a gescheit
b verstohlen	b unverfälscht	b außerordentlich	b vollkommen
c schadenfroh	c ehrlich	c gewaltig	c begrenzt
d spöttisch	d anständig	d unheimlich	d treulos

3 Bilden Sie mit den vorgegebenen Adjektiven Sätze. Ersetzen Sie diese mit den gefundenen Adjektiven. Ist die Bedeutung noch dieselbe?

1 Erstellen Sie Wortfelder zu den Adjektiven **dick** und **dünn**.

dick

dünn

2 Bilden Sie mit den gefundenen Adjektiven neue Sätze.

*Der **dicke** Koch findet sich gar nicht dick.*

*Der **dünne** Küchenchef versucht, ihn zu beruhigen.*

3.5 Woher kommen die Wörter – Wortfamilie

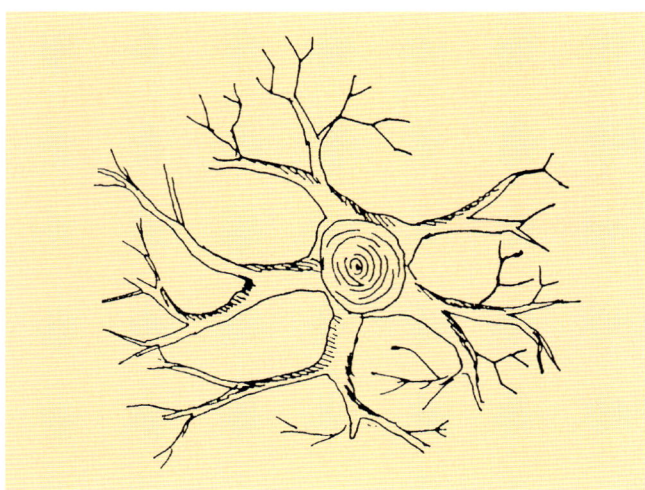

Eine Mind-Map (Gedächtnislandkarte) eignet sich auch als kreative Methode, Probleme zu skizzieren und zu neuen Lösungsansätzen zu kommen.

Dazu werden Stichwörter zu baumartigen Strukturen zusammengefügt.

Die Struktur einer Mind-Map erinnert an einen Baum von oben aus gesehen. Eine Mind-Map ist leicht anzufertigen:

- Die Wortfamilie wird in einem Kreis in die **Mitte** des Blattes geschrieben.
- **Hauptäste** und **Zweige** werden angelegt und die Wortfamilie in Bereiche aufgegliedert.
- **Zweigverbindungen** werden erstellt, um Zusammenhänge zu verdeutlichen

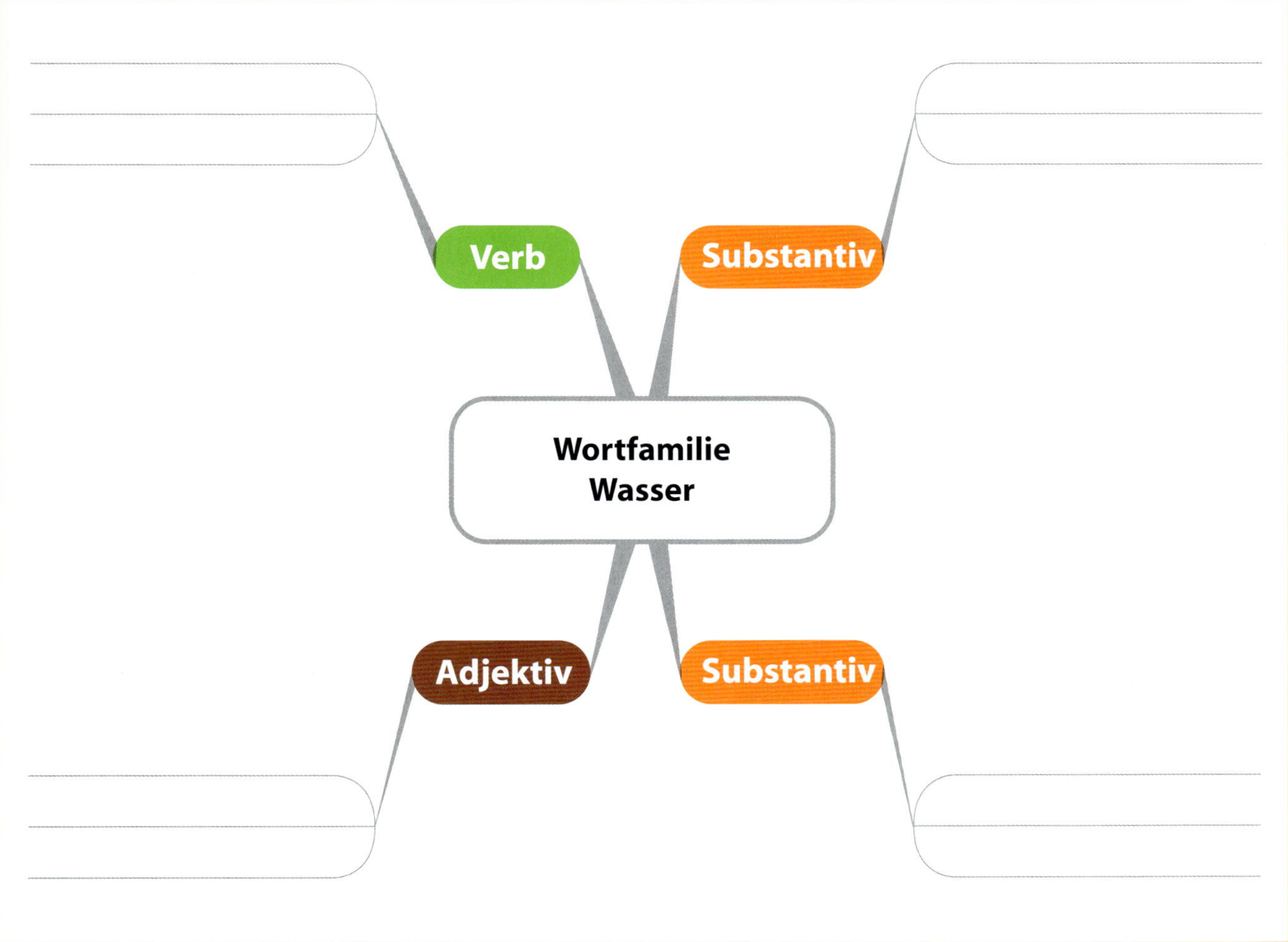

M

[Mind-Map: Wortfamilie Wasser mit Ästen Verb, Substantiv, Adjektiv, Substantiv]

1 Ergänzen Sie die Mind-Map mit weiteren Wörtern, die zur Wortfamilie „Wasser" gehören. Erstellen Sie eine zweite Gedächtnislandkarte zur Wortfamilie „Haus."
2 Entscheiden Sie sich mit Ihrer Partnerin oder Ihrem Partner für ein drittes „Stammwort" und erstellen Sie dazu eine Mind-Map.

A

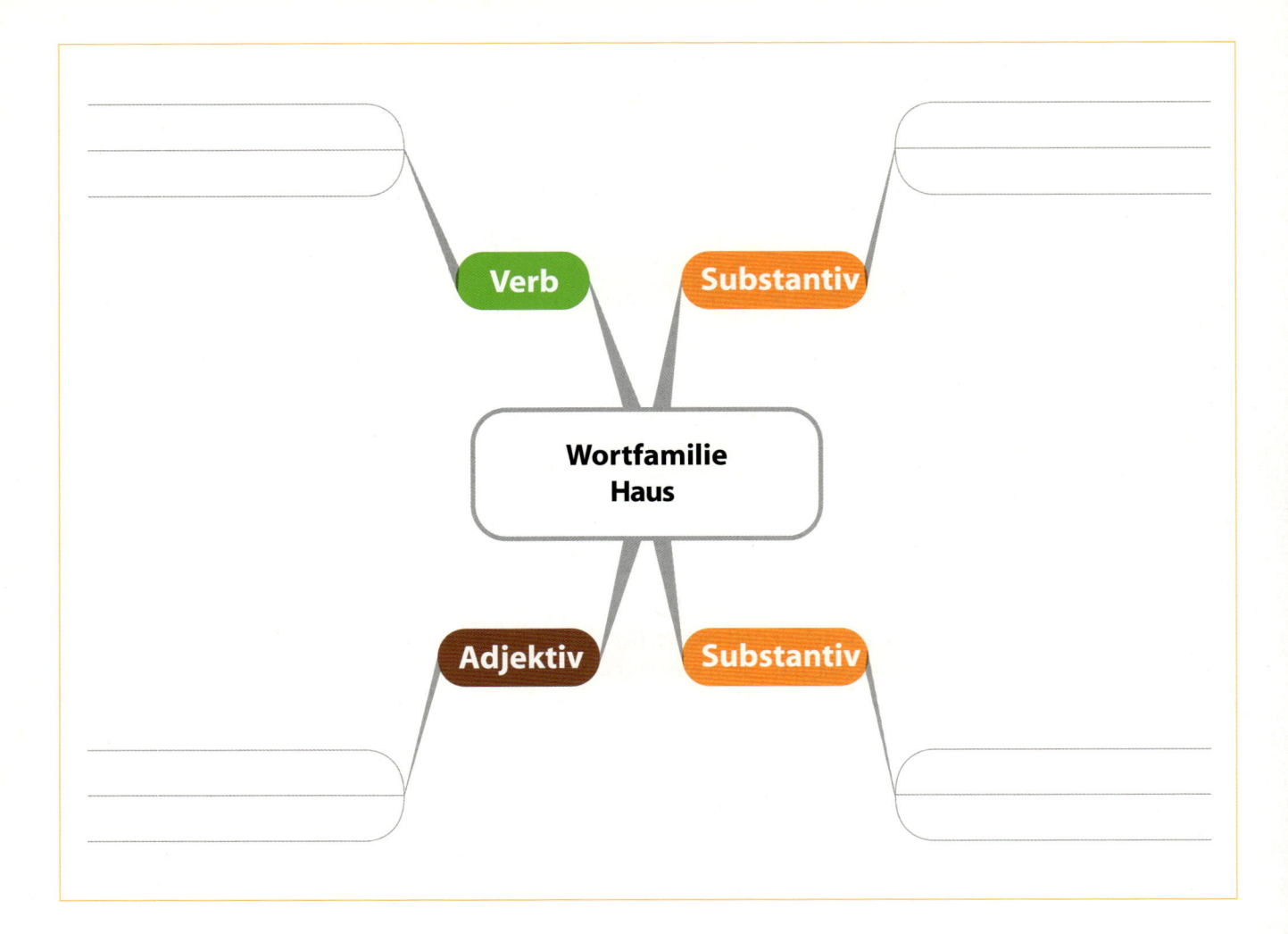

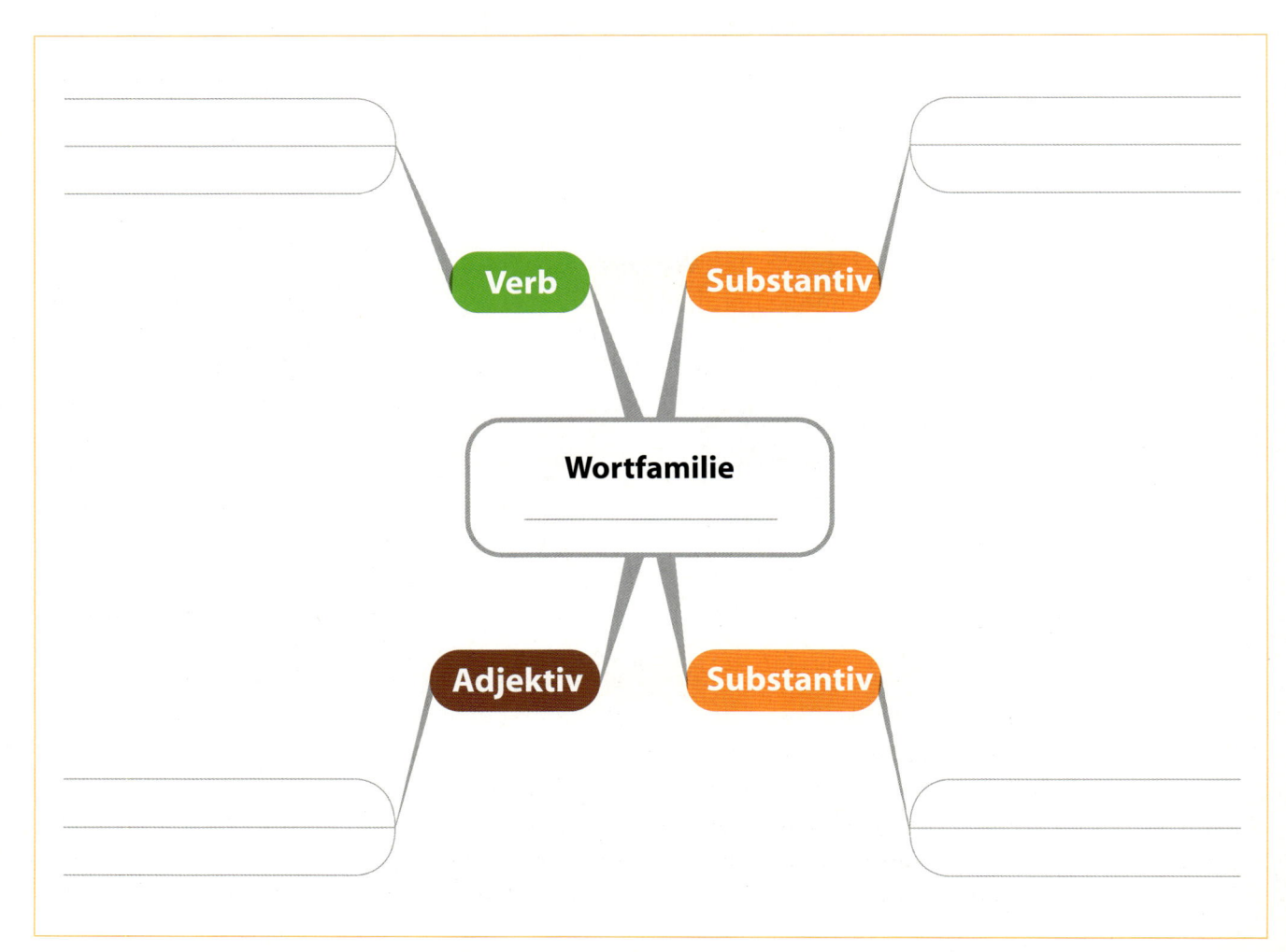

Lernbereich 1: Reflexion über Sprache und Kommunikation

Wortfamilie Haus
- Verb
- Substantiv
- Adjektiv
- Substantiv

Wortfamilie _____
- Verb
- Substantiv
- Adjektiv
- Substantiv

1 Üben Sie Ihre neu gewonnenen Kenntnisse. Schreiben Sie die richtige Wortart unter das Wort. Benutzen Sie eine Abkürzung: z. B. S = Substantiv, V = Verb, HV = Hilfsverb, A = Adjektiv.

Ein Tisch ist ein Tisch (Peter Bichsel)

Ich will von einem alten Mann erzählen, von einem Mann, der kein Wort mehr sagt, ein müdes Gesicht hat, zu müd zum Lächeln und zu müd, um böse zu sein. Er wohnt in einer kleinen Stadt, am Ende der Straße oder nahe der Kreuzung. Es lohnt sich fast nicht, ihn zu beschreiben, kaum etwas unterscheidet ihn von anderen. Er trägt einen grauen Hut, graue Hosen, einen grauen Rock und im Winter den langen grauen Mantel, und er hat einen dünnen Hals, dessen Haut trocken und runzelig ist, die weißen Hemdkragen sind ihm viel zu weit. Im obersten Stock des Hauses hat er sein Zimmer, vielleicht war er verheiratet und hatte Kinder, vielleicht wohnte er früher in einer andern Stadt. Bestimmt war er einmal ein Kind, aber das war zu einer Zeit, wo die Kinder wie Erwachsene angezogen waren. Man sieht sie so im Fotoalbum der Großmutter. In seinem Zimmer sind zwei Stühle, ein Tisch, ein Teppich, ein Bett und ein Schrank. Auf einem kleinen Tisch steht ein Wecker, daneben liegen alte Zeitungen und das Fotoalbum, an der Wand hängen ein Spiegel und ein Bild.

Der alte Mann machte morgens einen Spaziergang und nachmittags einen Spaziergang, sprach ein paar Worte mit seinem Nachbarn, und abends saß er an seinem Tisch.

Das änderte sich nie, auch sonntags war das so. Und wenn der Mann am Tisch saß, hörte er den Wecker ticken, immer den Wecker ticken.

Dann gab es einmal einen besonderen Tag, einen Tag mit Sonne, nicht zu heiß, nicht zu kalt, mit Vogelgezwitscher, mit freundlichen Leuten, mit Kindern, die spielten – und das Besondere war, dass das alles dem Mann plötzlich gefiel.

Zum Weiterlesen:
„Jetzt wird sich alles ändern", dachte er. Er öffnete den obersten Hemdknopf, nahm den Hut in die Hand, beschleunigte seinen Gang, wippte sogar beim Gehen in den Knien und freute sich. Er kam in seine Straße, nickte den Kindern zu, ging vor sein Haus, stieg die Treppe hoch, nahm die Schlüssel aus der Tasche und schloss sein Zimmer auf.
Aber im Zimmer war alles gleich, ein Tisch, zwei Stühle, ein Bett. Und wie er sich hinsetzte, hörte er wieder das Ticken, und alle Freude war vorbei, denn nichts hatte sich geändert. Und den Mann überkam eine große Wut. Er sah im Spiegel sein Gesicht rot anlaufen, sah, wie er die Augen zukniff; dann verkrampfte er seine Hände zu Fäusten, hob sie und schlug mit ihnen auf die Tischplatte, erst nur einen Schlag, dann noch einen, und dann begann er auf den Tisch zu trommeln und schrie dazu immer wieder: „Es muss sich etwas ändern." Und er hörte den Wecker nicht mehr. Dann begannen seine Hände zu schmerzen, seine Stimme versagte, dann hörte er den Wecker wieder, und nichts änderte sich.
„Immer derselbe Tisch", sagte der Mann, „dieselben Stühle, das Bett, das Bild. Und dem Tisch sage ich Tisch, dem Bild sage ich Bild, das Bett heißt Bett, und den Stuhl nennt man Stuhl. Warum denn eigentlich?" Die Franzosen sagen dem Bett „li", dem Tisch „tabl", nennen das Bild „tablo" und den Stuhl „schäs", und sie verstehen sich. Und die Chinesen verstehen sich auch. „Warum heißt das Bett nicht Bild", dachte der Mann und lächelte, dann lachte er, lachte, bis die Nachbarn an die Wand klopften und „Ruhe" riefen.
„Jetzt ändert es sich", rief er, und er sagte von nun an dem Bett „Bild".
„Ich bin müde, ich will ins Bild", sagte er, und morgens blieb er oft lange im Bild liegen und überlegte, wie er nun dem Stuhl sagen wolle, und er nannte den

Stuhl „Wecker". Hie und da träumte er schon in der neuen Sprache, und dann übersetzte er die Lieder aus seiner Schulzeit in seine Sprache, und er sang sie leise vor sich hin.
Er stand also auf, zog sich an, setzte sich auf den Wecker und stützte die Arme auf den Tisch. Aber der Tisch hieß jetzt nicht mehr Tisch, er hieß jetzt Teppich. Am Morgen verließ also der Mann das Bild, zog sich an, setzte sich an den Teppich auf den Wecker und überlegte, wem er wie sagen könnte.

 Dem Bett sagte er Bild.
 Dem Tisch sagte er Teppich.
 Dem Stuhl sagte er Wecker.
 Der Zeitung sagte er Bett.
 Dem Spiegel sagte er Stuhl.
 Dem Wecker sagte er Fotoalbum.
 Dem Schrank sagte er Zeitung.
 Dem Teppich sagte er Schrank.
 Dem Bild sagte er Tisch.
 Und dem Fotoalbum sagte er Spiegel.
Also:
Am Morgen blieb der alte Mann lange im Bild liegen, um neun läutete das Fotoalbum, der Mann stand auf und stellte sich auf den Schrank, damit er nicht an die Füße fror, dann nahm er seine Kleider aus der Zeitung, zog sich an, schaute in den Stuhl an der Wand, setzte sich dann auf den Wecker an den Teppich, und blätterte den Spiegel durch, bis er den Tisch seiner Mutter fand.
Der Mann fand das lustig, und er übte den ganzen Tag und prägte sich die neuen Wörter ein. Jetzt wurde alles umbenannt: Er war jetzt kein Mann mehr, sondern ein Fuß, und der Fuß war ein Morgen und der Morgen ein Mann.
Jetzt könnt ihr die Geschichte selbst weiterschreiben. Und dann könnt ihr, so wie es der Mann machte, auch die andern Wörter austauschen:
läuten heißt stellen, (…)

Quelle: Bichsel, Peter: Ein Tisch ist ein Tisch, in: Kindergeschichten, 4. Auflage, Neuwied, Luchterhand Verlag, 1969, Seite 18–27.

Peter Bichsel wurde 1935 in Luzern geboren. Kritiker bezeichnen ihn als den „Meister der kleinen Form", und in der Tat schreibt Bichsel meist kleine, kurze Geschichten in einfacher Sprache, die den Leser zum Nachdenken über die kleinen, oft übersehenen Details des täglichen Lebens bringen. Er hat für sein Werk zahlreiche literarische Preise erhalten.

Die tragikomische Kurzgeschichte „Ein Tisch ist ein Tisch", erschien 1969 in dem Band „Kindergeschichten" und machte ihn auf Anhieb berühmt. Diese hatte er zunächst für seine erste Sammlung von Erzählungen „Eigentlich möchte Frau Blum den Milchmann kennen lernen" (1964) geschrieben.

A   **2**   Folgen Sie der Aufforderung von Peter Bichsel und schreiben Sie die Geschichte weiter.

4 Zeichensetzung

4.1 In Stationen lernen

In den verschiedenen Stationen werden Sie mit den Regeln der Zeichensetzung vertraut gemacht. Die Zeichensetzung ist durch die Neuregelung in einigen Bereichen verändert worden und dadurch sicher einfacher. Trotzdem ist es wichtig, dass Sie die Zeichenregelung beherrschen, damit Sie z. B. beim Bewerbung schreiben oder später im Beruf fit sind. Suchen Sie sich einen Partner oder eine Partnerin aus Ihrer Lerngruppe, mit dem/der Sie die folgenden Stationen gemeinsam bearbeiten. Dabei spielt es keine Rolle, mit welcher Station Sie beginnen.

- Lesen Sie zunächst die Regeln.
  - Mithilfe der Regeln erhalten Sie die wichtigsten Informationen zur Zeichensetzung.
  - Sonderfälle wurden vorerst ausgenommen und müssen von Fall zu Fall, z. B. im Duden, nachgesehen werden.

- Lesen Sie sorgfältig die Arbeitsanweisungen.
  - Die Arbeitsanweisungen sollen helfen, die Aufgaben Station für Station durchzuarbeiten.

- Bearbeiten Sie die Aufgaben.
  - Mithilfe der Regeln erhalten Sie die Möglichkeit, das Gelernte anzuwenden und zu üben.
  - Zusätzliche Übungen geben Ihnen mehr Sicherheit.

- Vergleichen Sie die Ergebnisse mit denen Ihres Partners/Ihrer Partnerin.
  - Gegenseitige Kontrolle der Lernergebnisse hilft Ihnen, sich über Ihren Lernfortschritt zu informieren.

An folgenden Stationen verbessern Sie Ihre Zeichensetzung.

- Gleiches passt gut zusammen
- Nebensätze trennen
- Aufzählungen mit und ohne Komma
- Goethes Briefwechsel mit einem Kinde
- „Hallo, Herr Kaiser!"
- Goethe und das Schinkenbrötchen
- Und noch ein Zusatz
- Adjektiv und Substantiv – untrennbar

4.2 Gleiches passt gut zusammen

R

Gleichrangige Teilsätze werden durch ein Komma voneinander getrennt, wenn sie nicht durch die **Konjunktionen (Bindewörter)**
und, oder, beziehungsweise, sowohl … als auch, weder … noch
verbunden sind.

A

1. Verbinden Sie durch einen Pfeil je zwei gleichrangige Teilsätze.
2. Schreiben Sie auf den Pfeil die richtige Konjunktion.

Nutzen Sie folgende Konjunktionen.

aber	sondern
doch	denn
jedoch	und
oder	beziehungsweise

3. Entscheiden Sie mithilfe der Regel, ob die Sätze durch ein Komma getrennt werden oder nicht.

Babs wartete vergeblich auf ihre Freundin.	Seine Eltern waren dagegen.
Nehmen Sie nicht diesen Bus.	Ihr Klavier hatte sich in Luft aufgelöst.
Robert sprang nach dem Fußball.	Steigen Sie Berlin Zoo um.
Ute war völlig verzweifelt.	Der Gegenspieler war schneller.
Simon wünschte sich ein Haustier.	War Anne sofort nach Hause gekommen?
Er fing gleich an, mit Tobias Karten zu spielen.	Paul freute sich über seinen Besuch.
War sie noch ein Eis essen?	Eva hatte die Verabredung vergessen.
Charlotte mag Bücher.	Sie mag Science Fiction und Fantasy.

4 Schreiben Sie Ihre Lösung vollständig mit der Konjunktion auf.

(aber)

(doch)

(jedoch)

(oder)

(sondern)

(denn)

(und)

(beziehungsweise)

4.3 Nebensätze trennen

Hauptsatz und Nebensatz werden immer durch ein Komma getrennt.
Beispiel: Im Haus war es still, als ich erwartungsvoll auf die Klingel drückte.

1 Unterstreichen Sie bei den nachfolgenden Sätzen den jeweiligen Nebensatz.

2 Schreiben Sie dazu, ob es sich um einen
   a eingeschobenen   = E
   b nachgestellten   = N
   c vorangestellten   = V
   Nebensatz handelt.

3 Setzen Sie die Kommas mit grüner Farbe.

In dem grünen Haus das am Ende der Straße liegt lebt meine Tante Lina.

Weil sie sehr alt ist kümmern sich die Nachbarn rührend um sie.

Herr Schmitt hat sich des Gartens angenommen den er wie ein gelernter Gärtner pflegt.

Seine Frau die Tante Lina schon oft geholfen hat erledigt alle Einkäufe.

Weil sie eine gute Köchin ist bereitet sie auf Wunsch meiner Tante auch einige Mahlzeiten zu.

Herr Vogt der im Haus gegenüber wohnt hat seine Dienste als Handwerker angeboten.

Kürzlich hat er das Dach repariert das nach einem Sturm einige neue Ziegeln brauchte.

Frau Klein die junge Nachbarin zur linken Seite kümmert sich um das Putzen.

Tante Lina ist glücklich darüber dass ihr das Leben so erleichtert wird.

Meine Tante denkt nun darüber nach ob sie eine Wohngemeinschaft gründen will.

Obwohl Herr Müller bald 80 Jahre alt wird findet er diese Idee prima.

Allerdings weiß er nicht ob er die Miete mit seiner kleinen Rente bezahlen kann.

Herr Schmitt der Tante Linas Garten pflegt beruhigt ihn.

Herr Vogt der viel Zeit hat bietet Herrn Müller ebenfalls seine Dienste an.

Wenn Sie 6 mal E, 3 mal V und 5 mal N angegegeben haben, ist Ihre Lösung richtig.

4.4 Aufzählungen mit und ohne Komma

Das Komma trennt Aufzählungen, einzelne Wörter, Wortgruppen und Sätze.
Vor verbindenden Konjunktionen wie **und** und **oder** steht kein Komma.
Beispiel: *In der Schule gibt es eine Cafeteria, einen Aufenthaltsraum und einen Leseraum.*

1. Suchen Sie sich einen Partnerin oder einen Partner für das Partnerdiktat.
2. Sie diktieren Teil I, während Ihr/e Partner/in auf ein gesondertes Blatt schreibt. Dann diktiert Ihnen Ihr/e Partner/in Teil II.
3. Mithilfe der Lösung korrigieren Sie sich gegenseitig Ihre Diktate. (Rechtschreibfehler und Kommafehler sind jeweils ein ganzer Fehler.)

Teil I
Bahnhöfe

Die Hauptbahnhöfe der Großstädte Deutschlands sind von enormer Größe. Unzählig viele Personen sind beschäftigt am Ticketschalter im Servicepoint in der Verwaltung im Zeitungsladen in Geschäften und in Gaststätten. Sie alle sorgen tagtäglich dafür dass der Betrieb im Unternehmen Bahn reibungslos und präzise läuft. So berät zum Beispiel der Bahnbedienstete gibt Informationen über günstige Zugverbindungen nennt Anschlussverbindungen und verkauft Fahrscheine.

Regelmäßig zu den Ferien bilden sich lange nicht enden wollende Warteschlangen mit jungen und alten Fahrgästen vor den Ticketschaltern. Die Menschen wollen an viele verschiedene Orte Städte und Länder der Welt reisen und das möglichst bequem.

Teil II

Oft ist Reisen mit der Bahn alles andere als bequem. Wenn ein Zug Verspätung hat muss man sich in Windeseile mit dem schweren Rucksack auf dem Rücken, dem unhandlichen Koffer in der einen Hand und dem müden und quengelnden Kind in der anderen zum Anschlusszug begeben. Dabei muss ein Hindernisparcours aus zahlreichen Gepäckstücken riesigen Koffern Trauben von Menschen mit brennenden Zigaretten als zusätzliche Gefahrenquelle überwunden werden. Überall sind Menschen die essen trinken lesen. Sie sitzen oder stehen Kinder springen umher. Natürlich befindet sich das Gleis mit dem Anschlusszug am anderen Ende des Bahnhofs. Ist man endlich angekommen steigt gerade die Zugbegleiterin ein die Türen schließen sich der Zug fährt an. Zu spät!

Teil I (Lösung):

Bahnhöfe

Die Hauptbahnhöfe der Großstädte Deutschlands sind von enormer Größe. Unzählig viele Personen sind beschäftigt, am Ticketschalter, im Servicepoint, in der Verwaltung, im Zeitungsladen, in Geschäften und in Gaststätten. Sie alle sorgen tagtäglich dafür, dass der Betrieb im Unternehmen Bahn reibungslos und präzise läuft. So berät zum Beispiel der Bahnbedienstete, gibt Informationen über günstige Zugverbindungen, nennt Anschlussverbindungen und verkauft Fahrscheine.

Regelmäßig zu den Ferien bilden sich lange, nicht enden wollende Warteschlangen mit jungen und alten Fahrgästen vor den Ticketschaltern. Die Menschen wollen an viele verschiedene Orte, Städte und Länder der Welt reisen und das möglichst bequem.

Teil II (Lösung):

Oft ist Reisen mit der Bahn alles andere als bequem. Wenn ein Zug Verspätung hat, muss man sich in Windeseile mit dem schweren Rucksack auf dem Rücken, dem unhandlichen Koffer in der einen Hand und dem müden und quengelnden Kind in der anderen zum Anschlusszug begeben.

Dabei muss ein Hindernisparcours aus zahlreichen Gepäckstücken, riesigen Koffern, Trauben von Menschen mit brennenden Zigaretten als zusätzliche Gefahrenquelle überwunden werden. Überall sind Menschen, die essen, trinken, lesen. Sie sitzen oder stehen, Kinder springen umher. Natürlich befindet sich das Gleis mit dem Anschlusszug am anderen Ende des Bahnhofs. Ist man endlich angekommen, steigt gerade die Zugbegleiterin ein, die Türen schließen sich, der Zug fährt an. Zu spät!

Ihre Fehlerzahl: ☐

4 Notieren Sie, bei welchen Regeln die meisten Fehler aufgetreten sind.
5 Schreiben Sie die wichtigsten Kommaregeln noch einmal in einer Übersicht.

4.5 Goethes Briefwechsel mit einem Kinde

> Die wörtliche Rede wird durch Anführungszeichen vom Begleitsatz abgetrennt. Dabei unterscheiden Sie drei Fälle:
> 1. Ist der Begleitsatz vorangestellt, endet er mit einem Doppelpunkt.
>   **Beispiel:** *Sie fragte: „Was wollen Sie?"*
> 2. Ist der Begleitsatz nachgestellt, wird er – auch nach Frage- oder Ausrufesatz – durch ein Komma von der wörtlichen Rede abgetrennt.
>   **Beispiel:** *„Wollen Sie etwas?", fragte sie.*
> 3. Ist der Begleitsatz eingeschoben, wird er am Anfang und am Ende durch ein Komma begrenzt.
>   **Beispiel:** *„Wollen Sie", fragte Paula, „heute ins Kino gehen?", und sah ihn erwartungsvoll an.*

1 Setzen Sie in der folgenden Geschichte die Anführungszeichen, Doppelpunkte und Kommas mit Farbe ein.
2 Wie könnte die Geschichte weitergehen? Schreiben Sie sie in Ihr Arbeitsheft mit möglichst vielen wörtlichen Reden auf.

Goethes Briefwechsel mit einem Kinde

Der alte Goethe sitzt in seinem bequemen Lehnstuhl im Dichterhimmel und ruft Mehr Licht! Bettina von Armin betritt den Raum Nanu lieber Goethe, Sie sitzen ja so im Dunkeln sie öffnet die Läden da können Sie ja nicht betrachten, was ich hier für Sie habe. Oh nein murmelt Goethe nicht schon wieder. Sie hat es schon wieder getan! Haben Sie meine Liebe fragt Goethe seufzend nach *Goethes Briefwechsel mit einem Kinde* etwa den *Briefwechsel mit einer Großmutter* geschrieben? Bettina von Armin tätschelt ihm beruhigend den Arm. Nein, Goethe, warum sind Sie so biestig? Hier sie zieht eine Fünf Mark Note aus ihrer Tasche sehen Sie, man hat mein Konterfei bis vor einigen Jahren auf einen Geldschein gedruckt! Goethe lächelt sie ein wenig von oben herab an. Da haben Sie, liebe Frau von Armin hier oben im Dichterhimmel wohl nicht mitbekommen, dass Ihr Konterfei die neuen Eurogeldscheine nicht mehr ziert. Die da unten haben sie nämlich durch ein Bauwerk ersetzt. Leider wahr, lieber Goethe, aber Ihnen ist diese Ehre, nie zuteil geworden!

Bettina von Arnim (1785–1859) war das siebte von zwölf Kindern des Großkaufmanns Peter Anton Brentano und seiner Frau Maximiliane. Bis zu ihrem 13. Lebensjahr wurde sie im Ursulinenkloster in Fritzlar erzogen. Nach dem Tod der Eltern lebte sie bei ihrer Großmutter Sophie von La Roche in Offenbach, später in Frankfurt. 1811 heiratete Bettina Achim von Arnim, den sie bereits in Frankfurt als Studienkollegen ihres Bruders Clemens kennengelernt hatte. Die Ehe dauerte zwanzig Jahre bis zu seinem plötzlichen Tod 1831 und brachte sieben Kinder hervor. Nach dieser Ehe begann die Hauptzeit ihrer schriftstellerischen Tätigkeit. Außerdem kümmerte sie sich um die Herausgabe der Werke ihres Mannes und ihrer eigenen Schriften. 1858 erlitt sie einen Schlaganfall, von dem sie sich nicht mehr erholte. Am 20. Januar 1859 starb sie im Kreise ihrer Familie.
http://www.wikipedia.org, Stichwort „Bettina von Arnim" (13.06.2008)

4.6 „Hallo, Herr Kaiser!"

Anreden und Ausrufe grenzen Sie immer durch ein Komma ab.
Beispiel: „Ich begrüße Sie, Herr Kaiser, sehr herzlich, zu dieser Ausstellung."
„Oh, das kann ich kaum glauben."
„Nein, so geht das nicht!"

1 Schreiben Sie die folgenden Sätze nach den obigen Beispielen um und setzen Sie die Kommas.

Frau Müller sagte ihrem Sohn Patrik, dass er sich etwas beeilen solle, um den Zug zu erreichen.

Rainer erklärt Michael, dass er die Mathematikaufgabe vollständig falsch gerechnet habe.

Die Deutschlehrerin ermahnt die Schüler der Klasse zur Ordnung, damit sie alle ruhig arbeiten können.

Dem Schreinermeister ist gerade der Hammer auf den Fuß gefallen und er schreit laut auf.

Sonja erzählt Marlene, dass sie im Film besonders die Filmmusik gut gefunden habe.

Peter feuert seine Mannschaft auf dem Fußballplatz lautstark an.

4.7 Goethe und das Schinkenbrötchen

1. Lesen Sie den Text.
2. Schreiben Sie den Text mit
   a korrekter Groß- und Kleinschreibung
   b sowie Getrennt- und Zusammenschreibung in die vorhandenen Zeilen.
3. Setzen Sie Satzzeichen.

goetheunddasschinkenbrötchen

einestagesfandgoetheeinenwurminseinemschinkenbrötchendieserhatteessichzwischengurkenscheibeundschinkenstückrichtigbequemgemachtalsgoetheihnliegensahwurdeersehrmissmutigschließlichhatteersich überdiestullegefreutundwolltenichtmitdiesem frechenkerlteilenüberhauptgehörtederwurm eherineinenapfelalsindasbrötchendagoetheeintierliebhaberwarsagteerzudemwurmdasserverschwindensolleodererwürdeihnhöchstselbstaufessender wurmglaubtedemdichternichteinwortundsolandete erimmagendeshungrigenschlechtgelauntengoethe

4.8 Und noch ein Zusatz

Zusätze und Nachträge in einem Satz werden durch Komma abgetrennt.
Wichtige Einleitewörter für Nachträge und Einschübe sind z. B.:
also, besonders, das heißt (d. h.), das ist (d. i.), genauer, insbesondere, nämlich, sogar, und zwar, vor allem, zum Beispiel (z. B.).
Beispiele: *Letztes Jahr, es war in der Osterzeit, lag ich mit einem Beinbruch im Krankenhaus.*
Ich mag Tiere, sogar Spinnen.

1 Setzen Sie mit Farbe die fehlenden Kommas.

Im Planetarium

Viele Schülerinnen und Schüler insbesondere diejenigen aus Bochum und Umgebung gehen gerne ins dortige Planetarium.

Aber auch Schulklassen aus weiter entfernten Regionen fahren zu der beeindruckenden Show sogar aus Kassel war einmal eine Klasse zu Besuch.

In der letzten Woche am 12. März von 10 bis 17 Uhr gab es einen um die Hälfte verbilligten Eintritt.

Das Bochumer Planetarium war jetzt endlich nach mehr als drei Jahren Sanierungsarbeiten wieder eröffnet worden.

Die Sanierung war von vielen ansässigen Firmen darunter auch *Bochumer Brezel* mitfinanziert worden.

Das umgebaute Planetarium wurde von Emilia Grün Inhaberin der *Bochumer Brezel* feierlich eröffnet.

2 Schlagen Sie im Duden den Begriff **Planetarium** nach und erläutern Sie diesen.

3 Überlegen Sie sich zehn weitere Beispielsätze; verwenden Sie dazu die Einleitewörter aus dem Regelkasten auf Seite 36. Schreiben Sie die Sätze auf.

4.9 Adjektiv und Substantiv – untrennbar

Sie setzen bei Aufzählungen zwischen nicht gleichrangigen Adjektiven **kein Komma**, wenn das letzte Adjektiv mit dem folgenden Substantiv eine begriffliche Einheit bildet.
Testen Sie: Wenn vor dem letzten Adjektiv kein **und** und kein **sehr** stehen kann, dann handelt es sich um eine begriffliche Einheit. Prüfen Sie gegebenenfalls den Bedeutungsunterschied, der durch das Komma entstehen kann.
Beispiel: *Sie mag teures französisches Parfum.*

1 Entscheiden Sie bei den folgenden Sätzen, ob ein Komma gesetzt wird oder nicht.
2 Setzen Sie das Komma mit Farbe.

1 Er schwärmt für teures süß duftendes Parfum.

2 Der geniale weltberühmte Comic-Zeichner Uderzo zeichnet noch immer Asterix.

3 Die spannenden gut gezeichneten Comics begeistern immer wieder.

4 Sie mag kräftigen englischen Tee am Nachmittag.

5 Über die Witze mit den außerirdischen grünen Männchen konnte er immer sehr lachen.

6 In der gemütlichen Kneipe wurde wohlschmeckender westfälischer Schinken angeboten.

7 Der frische zarte Spargel wurde mit Butter serviert.

8 Der günstige japanische Fisch war im Nu ausverkauft.

9 Das große graue Tier ist ein Elefant.

10 Sie kaufte sich eine kleine bunt bemalte Vase.

11 Der Literaturkritiker schrieb für seinen Sohn einen gut formulierten fehlerfreien Aufsatz.

12 Das Kind spielt gerne mit seiner großen giftigen Schlange.

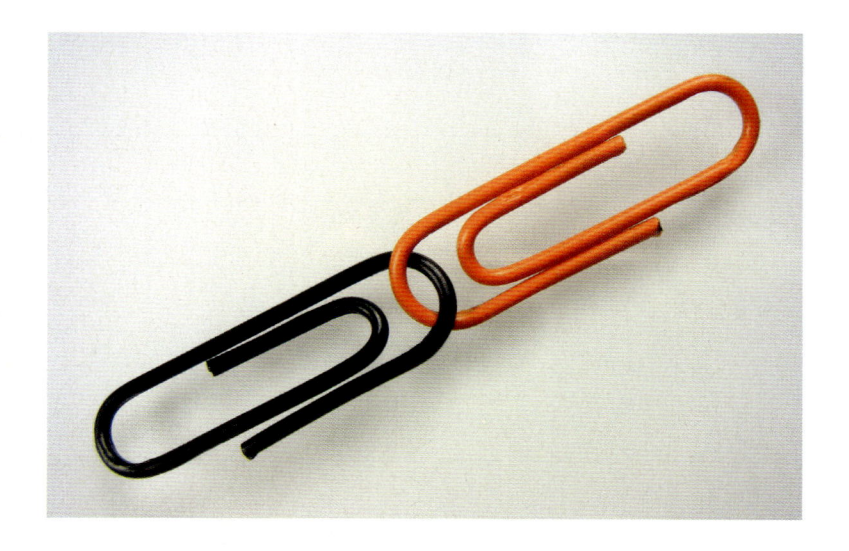

# 5 Satzglieder

5.1 Die Satzglieder

- Ein Satz besteht aus Satzgliedern.
- Ein Satzglied besteht aus einem oder mehreren Worten.
- Ein Satz besteht mindestens aus Subjekt (Nomen) und Prädikat.
- Ein Satz kann zusätzlich ein Objekt und ein Adverbial als weitere Satzglieder besitzen.
- Ein Satzglied (außer dem Prädikat) kann Attribute enthalten.
- Ein Satzglied lässt sich durch die Verschiebeprobe ermitteln.
- Zusammengehörende Teile können nur gemeinsam verschoben werden.

Satzglied	Anmerkung	Mit folgender Frage bestimmen Sie das Satzglied:
Das Subjekt	steht immer im Nominativ.	Wer oder was tut (erleidet) etwas?
Das Prädikat	besteht aus allen Teilen, die zum Verb gehören.	Was tut (oder erleidet) das Subjekt?
Das Objekt	ist eine Ergänzung zum Prädikat.	Wessen? Wem? Wen oder Was? (Genitiv-, Dativ- oder Akkusativobjekt) Auf wen? Wonach? … (Präpositionalobjekt)
Das Adverbiale	gibt die Umstände an, unter denen etwas geschieht.	Wann? Wo? Wie? Warum?
Das Attribut – die nähere Bestimmung	gehört immer zu einem Substantiv/Nomen. (Hier funktioniert die Verschiebeprobe nicht.)	Was für ein …?

Satzanalyse:

Asterix und Obelix hatten heute Appetit auf Römer. Deshalb legten sie sich im Wald auf die Lauer und überfielen eine Kohorte römischer Legionäre. Es gab zur Freude von Obelix ein herrliches Gemetzel. Zum Wildschweinessen kamen die beiden mit vielen erbeuteten Helmen ins Dorf zurück.

Asterix und Obelix	–	**Subjekt**
hatten	–	**Prädikat**
heute	–	**Adverbiale der Zeit**
Appetit	–	**Akkusativobjekt**
auf Römer	–	**Präpositionalobjekt**

Obelix: „Bleib hier, Asterix! Ich hol sie schon."

5.2 Das Subjekt

R
- Das Subjekt steht in der Regel am Satzanfang.
- Das Subjekt steht immer im Nominativ.
- Das Subjekt lässt sich durch die Verschiebeprobe auch in die Satzmitte oder an das Satzende verschieben.
- Das Subjekt ist in den meisten Fällen ein Substantiv (Nomen) oder Pronomen.

M
- Alle Wortarten können ein Substantiv (Nomen) sein.
- Deshalb können auch alle Wortarten Subjekt sein.
  Beispiel: **Das Lustigste** kommt noch! (substantiviertes Adjektiv)
  Beispiel: **Das Brüllen** der Römer erfüllte den Wald. (substantiviertes Verb)

A

1 Markieren Sie in jedem Satz des folgenden Textes das **Subjekt**.

Die Apothekerin (Ingrid Noll)

Außer dem Familienmotto „Über Geld spricht man nicht, man hat es" und einem unerklärlichen Dünkel hatte meine Mutter keine Güter von ihrem Clan geerbt. Meinem Vater gegenüber verhielt sie sich im Allgemeinen devot; in seiner Abwesenheit konnte sie sich allerdings gelegentlich zur Größe eines Tyrannosaurus aufpumpen. Uns Kindern wurde das erst in jenen Tagen klar, als mein Vater ohne ersichtlichen Grund derart aller Fleischeslust abschwor, dass er zum Vegetarier wurde und missionarisch auf seine Familie einwirkte. Allerdings gestattete er uns aus Gründen des Wachstums und der Barmherzigkeit ein wenig Lyoner Wurst, ein Ei am Sonntag oder ein paar Krümel Hackfleisch an der Tomatensoße.

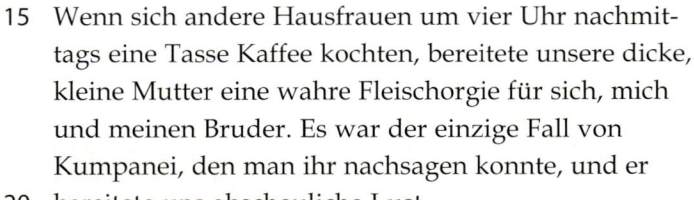

Wenn sich andere Hausfrauen um vier Uhr nachmittags eine Tasse Kaffee kochten, bereitete unsere dicke, kleine Mutter eine wahre Fleischorgie für sich, mich und meinen Bruder. Es war der einzige Fall von Kumpanei, den man ihr nachsagen konnte, und er bereitete uns abscheuliche Lust.

Wie beim Verschwindenlassen einer Leiche mussten alle fleischlichen Überreste beseitigt werden, bevor Vater heimkam. Weder Knochen, Schwarten und Fettklumpen noch Düfte oder schmierige Teller durften von unserem heimlichen Verbrechen Zeugnis ablegen. Zähne wurden geputzt, der Mülleimer entleert und die Küche mit Zitronen-Spray in den Stand der Unschuld zurückversetzt. Aber ich war im Grunde eine Vatertochter und litt unter meiner fleischlichen Untreue. Hätte seine Wandlung sich nicht ein Jahr vor dem großen Trauma meiner Kindheit zugetragen, ich hätte mir die Schuld daran gegeben.

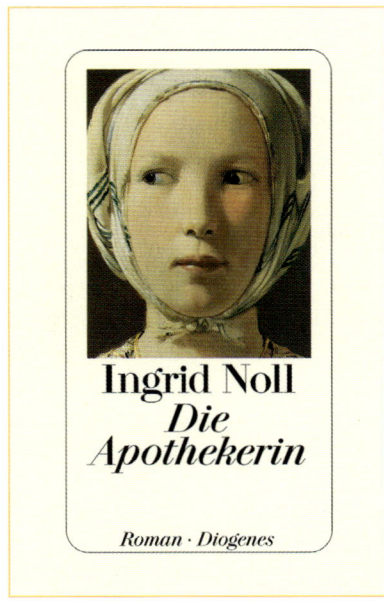

Auch mein Vater liebte Sprüche, wenn es um Geld ging. Wir erfuhren früh, dass es nicht stinkt und auch nicht auf der Straße liegt und dass es die Welt regiert, aber nicht immer glücklich macht. Meistens murmelte er aber: „Geld ist kein Thema." Er gab es nach Gutdünken aus; als mein Bruder mit elf Jahren Klavier spielen lernen wollte, wurde anstandslos ein Konzertflügel gekauft, der noch heute das Wohnzimmer meiner Eltern füllt, obgleich nur acht Monate lang auf ihm herumgehämmert wurde. Andererseits bestand Vater darauf, dass ich mir Geodreiecke, Leuchtstifte, Haarspangen und Tennisschuhe vom Taschengeld kaufte. Selbst meine Mutter wusste nicht, wie viel ihr Mann verdiente, ging jedoch von einem Spitzeneinkommen aus. Da Geld kein Thema bei uns war, musste sie gelegentlich in verschlüsselten Andeutungen ihre Forderungen vorbringen.

Quelle: Noll, Ingrid, Die Apothekerin, Zürich, Diogenes Verlag, 1996, Seite 7–9.

Ingrid Noll (eigentlich Ingrid Gullatz, * 29. September 1935 in Shanghai) ist eine deutsche Schriftstellerin. Noll wuchs zusammen mit drei Geschwistern als Tochter eines deutschen Arztes in Nanking auf. 1949 zog sie nach Deutschland und besuchte bis 1954 eine katholische Mädchenschule in Bad Godesberg.

Ihr flirrendböser Erstlingsroman „Der Hahn ist tot" entstand jedoch erst 1990. Viele ihrer Krimis spielen in Mannheim und Umgebung. Ihre Bücher wurden in 21 Sprachen übersetzt. Die Apothekerin wurde 1997 von Reiner Kaufmann mit Katja Riemann, Jürgen Vogel und Ritchie Müller in den Hauptrollen verfilmt. Auf der Criminale 1994 erhielt sie den Glauser-Preis für „Die Häupter meiner Lieben", 2005 den Friedrich-Glauser-Preis auf der Criminale in Arnsberg – Ehrenpreis der Autorengruppe deutschsprachige Kriminalliteratur für ihre Verdienste im deutschen Sprachraum.

www.wikipedia.org, Stichwort: Ingrid Noll (09.01.2006).

2 Schlagen Sie folgende Wörter im Duden nach:

Wort	Erläuterung
Dünkel	
Clan	
devot	
Tyrannosaurus	
Trauma	
Kumpanei	
missionarisch	

5.3 Das Objekt

- Das Objekt steht nie im Nominativ.
- Das Objekt steht im Dativ oder Akkusativ, manchmal auch im Genitiv.
- Das Objekt wird meist mit einer Präposition eingeleitet.

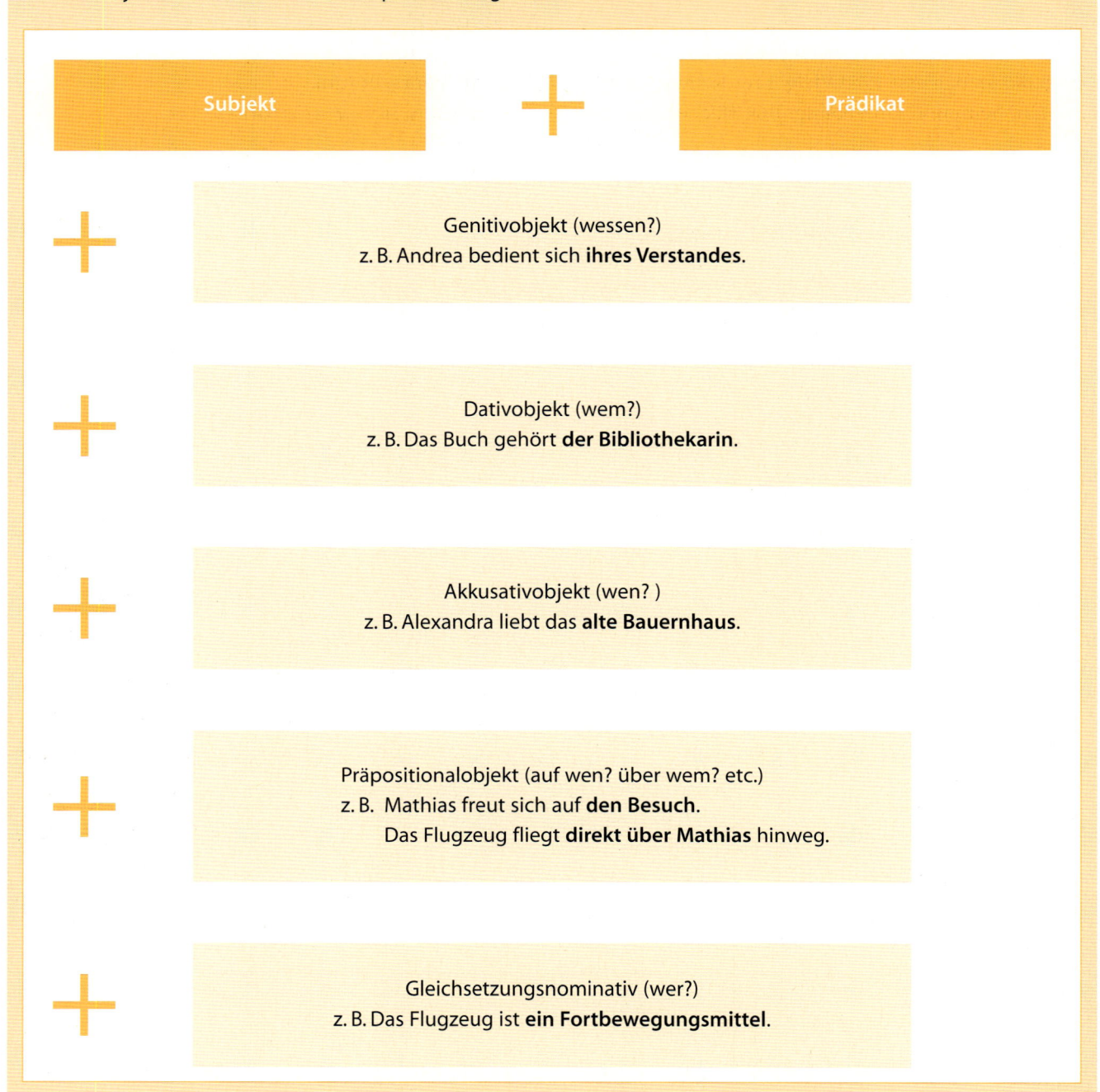

Subjekt + Prädikat

+ Genitivobjekt (wessen?)
z. B. Andrea bedient sich **ihres Verstandes**.

+ Dativobjekt (wem?)
z. B. Das Buch gehört **der Bibliothekarin**.

+ Akkusativobjekt (wen?)
z. B. Alexandra liebt das **alte Bauernhaus**.

+ Präpositionalobjekt (auf wen? über wem? etc.)
z. B. Mathias freut sich auf **den Besuch**.
Das Flugzeug fliegt **direkt über Mathias** hinweg.

+ Gleichsetzungsnominativ (wer?)
z. B. Das Flugzeug ist **ein Fortbewegungsmittel**.

Markieren Sie in jedem Satz das Objekt und bestimmen Sie es.

Sie verhielt sich <u>gegenüber meinem Vater</u>, devot.   *Präpositionalobjekt*

Allerdings gestattete er uns Lyoner Wurst. _____

Er traktierte den Konzertflügel. _____

Das Taschengeld gehörte mir ganz allein. _____

Geld ist kein Thema. _____

Das Geld liegt auf der Straße. _____

Ich bediente mich der Pflanzen. _____

Kapitel 5 – Satzglieder

5.4 Das Prädikat

- Das Prädikat steht immer an zweiter Stelle im Satz.
- Der Rest des Prädikats befindet sich häufig am Satzende.
- Die Bestandteile des Verbs gehören zum Prädikat.
- Zum Beispiel: Die Römer **flogen** den Galliern Asterix und Obelix **davon**.

Obelix: „Nein, nein! Zurück! Was soll das! Kommt zurück!"

1 Markieren Sie in jedem Satz des folgenden Textes das **Prädikat**.

Fortsetzung – Die Apothekerin

Zu meinem Abitur wiederum schenkte mir mein Vater ein kleines Auto, das sich eigentlich mein Bruder gewünscht hatte. Schon früh hatte ich gelernt, dass elterliche Liebe durch Leistung erkauft werden kann. Meine Eltern waren stolz auf meine guten Zeugnisse, auf meinen Fleiß und meine ersten Erfolge als Hausfrau.
Es gibt Fotos von mir, auf denen ich mich als Gärtnerin betätige, mit Strohhut auf dem Köpfchen und Gießkanne in der Hand. Mein Vater hat mich auch als Köchin aufgenommen, die mit einer großen karierten Schürze diverse Sandkastentorten zierlich mit Zahnpasta dekoriert, und last but not least als Krankenschwester. Alle Puppen und Teddys liegen hingestreckt auf meinem Kinderbett, gigantische Verbände aus Klopapier um ihre gebrochenen Glieder. Manche leiden an Masern, mit roter Kreide ins Puppengesicht gepunktet. Ich erinnere mich an ein einziges Mal, dass dieses Krankenschwesternsyndrom Anlass zu einer elterlichen Auseinandersetzung gab: meine leidenschaftliche Mund-zu-Mund-Beatmung eines nicht frisch verstorbenen Maulwurfs.

Quelle: Noll, Ingrid, Die Apothekerin, Zürich, Diogenes Verlag, 1996, Seite 7–9.

2 Schlagen Sie folgende Wörter im Duden nach:

Wort	Erläuterung
diverse	
last but not least	
gigantisch	
Syndrom	

5.5 Das Adverbiale

- Das Adverbiale bestimmt das Prädikat.
- Das Adverbiale besteht aus einer Wortgruppe oder einem einzelnen Wort.
- Das Adverbiale bestimmt die näheren Umstände:
  - Adverbiale Bestimmung des **Ortes** — Wo? (Wohin? Woher?)
  - Adverbiale Bestimmung der **Zeit** — Wann? (Wie lange?)
  - Adverbiale Bestimmung des **Grundes** — Warum? (Weshalb?)
  - Adverbiale Bestimmung der **Art und Weise** — Wie? (Auf welche Art? Womit?)

1. Markieren Sie in jedem Satz das Adverbiale.
2. Formulieren Sie die passende Frage.

Adverbiale des Ortes

Die Schülerin wird in der Schule erwartet. — *Wo wird sie erwartet?*

Der Lehrer muss in die Direktion kommen.

Die Eltern erhalten einen Anruf aus der Schule.

Die Eltern parken vor der Schule.

Adverbiale der Zeit

Der Schüler soll um acht kommen.

Die Lehrkraft wartet seit einer halben Stunde.

Die Lehrkraft wartete bis zur zweiten Stunde.

Der Unterricht dauerte sechs Stunden.

Adverbiale des Grundes

Wegen eines Computerspiels hat er die Schule vergessen.

Zum Spielen hat er es sich gemütlich gemacht.

Trotz der Hausaufgaben hat er Zeit für sein Hobby gefunden.

Adverbiale der Art und Weise

Er springt schnell die Stufen hinunter.

Er schnauft wie ein altersschwaches Pferd.

Der Rucksack ist aus wasserabweisendem Material.

Das Referat ist ihm nicht gut gelungen.

3   Markieren Sie die Adverbiale in dem unten stehenden Text.
4   Bestimmen Sie das Adverbiale näher.

Im Klassenzimmer hat jeder Schüler seinen eigenen Platz.

Die Lehrerin schließt pünktlich fünf Minuten vor acht das Klassenzimmer auf.

Wegen eines aktuellen Artikels hat sie heute die Zeitung mitgebracht.

Hastig läuft sie die Stufen zum Kopierer hinauf, damit jeder Schüler ein Exemplar zum Lesen hat.

Sie hetzt wie ein Sprinter beim Wettkampf.

Wegen Kreislaufproblemen darf Christian im Unterricht seinen mitgebrachten Kaffee trinken.

Eine Mitschülerin hat sich am Wochenende das Bein gebrochen.

Zum Gehen braucht sie eine Krücke.

5.6 Das Attribut – die nähere Bestimmung

- Das Attribut ist kein selbstständiges Satzglied.
- Das Attribut bestimmt die Satzglieder näher.
- Das Attribut begleitet häufig ein Substantiv.
- Das Attribut dient der Ausschmückung.

Was für ein Junge?

Was für ein Hinkelstein?

Was für ein gallischer Händler?

Junge: „Was soll der hier kosten?"
Obelix: „Tja, ich weiß nicht so recht … normalerweise tausche ich gegen irgend etwas anderes …"

1 Ordnen Sie die unten stehenden Attribute dem Beispielsatz zu.
Führen Sie die Verschiebeprobe anhand dieser Beispiele durch.

Der   gerissene   gallische Händler   verkauft   dem   naiven   Jungen einen   alten   Hinkelstein.

Beispiele für Attribute: schlau, riesig, verschlagen, gewieft, kostbar, nutzlos, überflüssig, intelligent, schön, clever, betrügerisch, listig, wertlos, teuer, antik, raffgierig, maßlos, hässlich

5.7 Übungen zu den Satzgliedern

Subjekt = S
Prädikat = P
Objekt = O (Genitiv, Dativ, Akkusativ)
Adverbiale Bestimmung = AB Ort, Zeit, Grund, Art und Weise

1 Markieren Sie die Satzglieder mit unterschiedlichen Farben.
2 Bestimmen Sie die Satzglieder.

Beispiel:

Die Eule	jagt	vorwiegend	nachts.
S	P	AB	AB
		Art und Weise	Zeit

Sie kann im Dunkeln ausgezeichnet sehen.

Sie hat ein vorzügliches Gehör.

Die Eule nimmt feine und leise Geräusche wahr.

Mit lautlosen Flügelschlägen fliegt sie durch ihr Revier.

Blitzschnell stürzt sie sich auf ihre Beute.

Beim Fressen verschlingt sie ihre Beute hastig.

Die Eule mag Mäuse und andere Kleintiere.

Tagsüber schläft sie in ihrer Höhle.

Sie füttert ihre Kinder mit der Jagdbeute.

3 Vervollständigen Sie den unten stehenden Text, indem Sie die folgenden Subjekte, Prädikate und Adjektive einsetzen:
Familie, kleinen, brillierte, Zimmer, Keller, gelbem, Lob, lächerlich, Liebling

Fortsetzung – Die Apothekerin

Damals bildete ich mir noch ein, der _____ meiner _____ zu sein: ein fleißiges, nettes Mädchen, das bereitwillig seine _____ Kopftücher trug. Auch als ich in die Schule kam, erfüllte ich alle Erwartungen; eine interessierte Schülerin, die später vor allem in den Naturwissenschaften _____ . Schon mit zehn Jahren sammelte ich Pflanzen, presste sie und legte mir ein Herbarium an, das ich immer noch besitze. Alles an mir und meiner Habe musste säuberlich und wohlgeordnet sein, mein _____ war mustergültig aufgeräumt, meine Spielgefährtinnen suchte ich nach meinem Ebenbild aus, meine Regenwürmerzucht im _____ war hygienisch von den gelagerten Äpfeln abgeschottet.

In der Gesamtschule stieß mein leistungsorientiertes Verhalten dann keineswegs mehr auf die Gegenliebe der Mitschüler. Meine Eigenart, wichtige Sätze in den Lehrbüchern gewissenhaft mit einem Lineal und _____ Leuchtstift anzustreichen, wurde _____ gemacht: Sie sprachen von streberischer Vergilbung. Vergeblich mühte ich mich um Freundinnen. Das permanente _____ der Lehrer verschlimmerte nur meine Lage.

Quelle: Noll, Ingrid: Die Apothekerin, Zürich, Diogenes Verlag, 1996, Seite 7–9.

6 Rechtschreibung

6.1 Den Weg finden – Straßennamen

Herr Stefan Knoch wohnt mit seiner Familie in der Goethestraße in Weilheim. Auf dem Weg zu seiner Arbeit muss er über den Karolingerring auf die Steinweiler Straße fahren und auf der Kölner Allee links abbiegen. Der Betrieb liegt am Kaiser-Wilhelm-Ring. Auf dem Weg zur Arbeit nimmt er seine Tochter Stefanie mit, die in die Berufsfachschule in der Straße Am Holzsteg geht. Die Tochter muss jedoch schon am Albrecht-Dürer-Platz aussteigen, da die Steinfelder Straße eine Einbahnstraße ist. Frau Hilde Knoch kann zu ihrem Arbeitsplatz in die Schillerstraße zu Fuß gehen. Am Abend trifft sich die Familie gern in der Pizzeria in der Richard-Wagner-Straße.

1 Markieren Sie im Text alle Straßennamen.
2 Füllen Sie die Tabelle aus, indem Sie
    a die Regeln für die Schreibweise von Straßennamen in der linken Spalte ergänzen,
    b die Regeln den Straßennamen aus dem Text in der rechten Spalte zuordnen,
    c und Straßennamen aus Ihrem Wohnort ergänzen.

Ergänzen Sie die Regeln.	Fügen Sie hier die Beispiele aus dem Text und Ihrem Wohnort ein.
Zusammengeschrieben werden Straßennamen, ▪ _____ ▪ _____	
Getrennt werden Straßennamen geschrieben, ▪ _____ ▪ _____	
Mit Bindestrich werden Straßennamen geschrieben, ▪ _____	
Großgeschrieben wird bei einem Straßennamen, ▪ _____ ▪ _____	

3 Julia will mit ihrer Schulklasse von der Mainzer Goetheschule am Goetheplatz in das Naturhistorische Museum. Beschreiben Sie den Weg, den die Schulklasse nehmen muss.

Lernbereich 1: Reflexion über Sprache und Kommunikation

A In vielen Bewerbungstests (siehe dazu auch Lernbereich 4) werden Sie auch mit der Aufgabe konfrontiert, Straßennamen in kurzer Zeit zu verbessern und richtig zu schreiben. Hierzu können Sie folgende Übung nutzen. Schreiben Sie die Straßennamen richtig.

Straßenname	
Berlinerallee	
Hohestraße	
Markt-Platz	
Unterdeneichen	
Ratingertor	
Dr.wilhelmkülzstraße	
Krummerweg	
Mühlen-Straße	
Neuerrathausplatz	
Altekölnerstraße	
Schiller-Platz	
Kurze-Straße	
Luisen-Straße	
Rhein-Promenade	
Bismarck-Straße	
Kaiserwilhelmsallee	
Theodorheussplatz	
Herder-Straße	
Mertens-Gasse	
Königs Allee	
Grafadolfplatz	
Heinrichheineallee	
Grafenbergerallee	
Brehm Platz	
Staufen Platz	
Amrheinufer	
Alteberlinerlandstraße	

6.2 Die Rechtschreibung verbessern – s, ss oder ß?

1) Der stimmlose s-Laut wird nach langem Vokal oder Diphthong **ß** geschrieben.
   Ein Diphthong ist eine Abfolge von zwei Vokalen (ei, au, ie).
   reißen, es reißt, **aber:** *es riss, der Riss; grüßen, er grüßt, er grüßte, der Gruß*
2) Nach kurzem Vokal schreiben Sie den stimmlosen s-Laut **ss**, z. B. *der Fluss.*
3) *Wichtig: Bei das oder dass müssen Sie prüfen, ob es sich um einen Artikel, ein Pronomen oder eine Konjunktion handelt. (siehe Wortarten)*
4) Bei einem stimmhaften s-Laut wird nur ein **s** geschrieben,
   z. B. *die Rose,* das o wird lang gesprochen, der s-Laut ist weich, stimmhaft.

1 Ersetzen Sie die Lücken durch s, ss und ß.

Der Hau___meister der Schule pa___te genau auf, da___ alle Schülerinnen und Schüler das Schulgelände verlie___en. Er verlie___ sich nicht darauf, sondern kontrollierte regelmä___ig den Pau___enhof und die Schulsäle. Danach schlo___ er sämtliche Säle ab. Einige Schüler hatten ihren Fu___ball verge___en, andere Getränkedo___en liegen la___en, was ihn kolo___al ärgerte. „Wie___o mu___ ich euch immer wieder darauf hinwei___en, da___ ihr das Schulgelände in einem sauberen Zustand verla___en sollt."

2 Schlagen Sie im Duden die verschiedenen Bedeutungen von **verlassen** nach und notieren Sie diese.

Lernbereich 1: Reflexion über Sprache und Kommunikation

4 Vervollständigen Sie die Tabelle.

Infinitiv	3. Person Präsens	3. Person Präteritum	Partizip Perfekt	Substantiv/Nomen
fließen	er fließt	er floss	geflossen	der Fluss
wissen				
passen				
beißen				
niesen				
reißen				
lesen				
fassen				

Sie schreiben *das*, wenn Sie es durch *ein*, *dies*, *dieses* oder *welches* ersetzen können.
Sie schreiben *dass*, wenn Sie nichts ersetzen können.

---

5 Artikel, Pronomen oder Konjunktion? – Setzen Sie das oder dass ein.

Der Marketingplan

Die Zielgruppe ist da___ Wichtigste. Außerdem muss darauf geachtet werden, da___ der Preis des Produktes zur angepeilten Kundschaft passt. Der Produktabsatz zeigt an, wie viele Stückzahlen verkauft wurden, damit da___ Unternehmen, da___ dieses Produkt anbietet, die Profitabilität feststellen kann. Da___ da___ nicht immer einfach ist, da___ können Sie sich sicher vorstellen. Je mehr für das Produkt verlangt werden kann, da___ verkauft werden soll, desto geringer ist der Absatz. Deshalb muss das Unternehmen, da___ da___ anbietet, überlegen, ob der Preis der richtige ist. Es muss beachtet werden, da___ die Konkurrenz nicht schläft und da___ Werbung und Vertrieb sehr wichtig sind.

6.3 Übungen zum s-Laut

Das **ß** gibt es nur als Kleinbuchstaben. Wenn Wörter ganz in Großbuchstaben geschrieben werden, steht als Ersatz immer SS: z. B. für Straße = STRASSE.

In einigen Ländern, wie in der Schweiz, wird das **ß** nicht mehr gebraucht. Auch in England und den USA ist das **ß** nicht bekannt.

1 Sortieren Sie nach **ss** oder **ß**:

GRUSS, WASSER, AUTOBUSSE, FLEISSIG, FLUSS, SCHWEISSEN, MESSER, SCHLOSS, FASS, MASS, HINDERNISSE, MISSSTAND, ESSEN, DASS, SPASS, KUSS, ABREISSEN, BLÜTENWEISS, ZEUGNISSE, GLEICHNISSE, MÄSSIG

Nach kurzem betonten Vokal wird **ss** geschrieben:

_____
_____
_____
_____
_____
_____
_____
_____
_____
_____

Nach langem Vokal oder Diphthong wird **ß** geschrieben:

_____
_____
_____
_____
_____
_____
_____
_____
_____
_____

2 Finden Sie weitere Beispiele.

ss	ß
_____	_____
_____	_____
_____	_____
_____	_____
_____	_____
_____	_____
_____	_____
_____	_____
_____	_____

Lernbereich 2   Lesen, mit Texten umgehen, Schreiben

1 Mit Texten umgehen

1.1 Fünf-Schritt-Lesemethode

Wie sind Ihre Leseerwartungen?

☺   oder   ☹

Wie sind Ihre Leseerfahrungen?

☺   oder   ☹

„Ich lese, weil ich viele neue Welten kennen lernen will."

Um ein Buch oder einen Artikel zu lesen, gibt es viele Gründe. Viele werden ein Buch oder einen Text in der Freizeit zur Entspannung lesen und sich deshalb eine „leichte Lektüre" aussuchen. In vielen Fällen ist es jedoch notwendig, ein Buch oder einen Artikel zu lesen, um neue Informationen zu gewinnen. Damit dies auch gelingen kann, ist es wichtig, diesen Text sorgfältig durchzuarbeiten. Dazu ist es sinnvoll, sich folgender Methode zu bedienen:

M
- Vor dem Lesen sollten Sie den Text **überfliegen**.
  - Titel und Untertitel, Abschnitte bzw. beim Buch den zusammenfassenden Text auf der Rückseite des Umschlags und den sogenannten „Klappentext" (nicht immer vorhanden, enthält meist auch Biografie des Autors), Inhaltsverzeichnis, einige Stellen werden kurz gelesen.
- Aufgrund der Informationen beim Überfliegen **formulieren** Sie erste Fragen.
  - Fragen zu Fachausdrücken, Fremdwörtern, Definitionen, Darstellungsart und Unklarheiten werden sich dabei ergeben.
- Jetzt beginnen Sie Zeile für Zeile zu **lesen**, indem Sie sich jeden Abschnitt vornehmen und sich auf das Wesentliche konzentrieren, um die gestellten Fragen zu beantworten.
  - Die vorher gefundenen Antworten zu den Fachausdrücken, den Fremdwörtern usw. werden dabei besonders beachtet und erleichtern das Lesen.
- Zum Textverständnis notieren Sie jetzt **Anmerkungen** und bringen Markierungen an (Beispiele für Markierungen siehe unten).
  - Notizen, Randbemerkungen und Markierungen helfen, den Text überschaubarer zu machen.
- Diese vier Schritte führen Sie nun für alle Abschnitte durch und dabei überdenken Sie die **Zusammenhänge**.
  - Zusammenhänge zwischen den einzelnen Abschnitten, Kapiteln sollten herausgearbeitet werden. Aussage und Absicht des Autors oder der Autorin werden überdacht.

M
Beispiele für Markierungs- und Kommentierungszeichen

_____	wichtig, im Text unterstreichen
|	Hauptgedanke, am Rand anstreichen
Σ	Zusammenfassung
?	unklar, nicht verstanden, nachschlagen
⌜ ⌟	Zitatanfang und Zitatende
def |	Begriffe, deren genaue Definition eventuell nachgeschlagen werden sollte

1 Üben Sie an dem folgenden Text die oben beschriebene Vorgehensweise.
(Dieser Text wurde für die Vergleichsarbeit der Berufsfachschule II im Jahr 2005 verwendet.)

Wenn die Kinderstube versagt

Ihre Anmerkungen, Fragen?

Wenn Auszubildende auf dem Parkplatz des Geschäftsführers parken oder in zerschlissenen Jeans zur Arbeit kommen, die womöglich noch lässig in den Kniekehlen hängen, sieht Karl Hermann Kümeth rot. „Das
5 ist absolut tabu", sagt er dann. Seine Stimme klingt fast empört, als könne er nicht glauben, dass so etwas hinter deutschen Firmenmauern geschieht, obwohl er es doch vielfach gesehen hat. Vielen Berufseinsteigern fehle es an grundsätzlichen Benimmregeln.
10 Künneth ist Knigge-Trainer und gibt im Jahr bis zu vierzig Seminare speziell für Auszubildende, meist im Auftrag von Industrie- und Handelskammern. Finanzierten die Firmen in der Vergangenheit mehrere hundert Euro teure Knigge-Seminare nur für Manager, die sich in höheren Chargen
15 bewegten, so hat dieser Trend nun auch den Firmen-Nachwuchs erreicht – mit dem Unterschied allerdings, dass bei ihnen nicht der Feinschliff geübt wird, sondern erst einmal kräftig am Basiswissen gehobelt werden muss. Kein elegantes Zerteilen des Hummers, keine Farblehre bei der
20 Schleife für den Smoking – was Auszubildende heute zunächst lernen müssen, fängt schon beim Alltäglichen an. „Bauchfreie Shorts und Flip-Flops sind bei uns nicht angebracht", sagt Tobias Göbel von der Bausparkasse Schwäbisch Hall. Dass man seriös gekleidet zur Arbeit erscheint, habe
25 allein schon etwas mit der Wertschätzung des Berufs zu tun. Schon seit etwa zehn Jahren schule die Bausparkasse ihren Nachwuchs intern in Benimmregeln für den Berufsalltag. Nun hätten sie einige der rund vierhundert Auszubildenden auch an einem externen Knigge-Training teilnehmen lassen –
30 als „Multiplikatoren", damit sie das Erlernte an ihre Kollegen weitergeben können.

Mit dieser Entscheidung ist die Schwäbisch Hall kein Einzelfall. Das Interesse der Firmen an Benimmkursen für Auszubildende nimmt zu. Künneth, der mehr als dreißig
35 Jahre lang im Groß- und Einzelhandel tätig war, schätzt, dass sich die Nachfrage in den vergangenen zwei Jahren verdreifacht hat und auch in den nächsten Jahren zu einem immer wichtigeren Thema für die Unternehmen werde. Dass viele Firmen über das Fachliche hinaus in ihren

40 Nachwuchs investieren, beobachten auch die Industrie- und Handelskammern. Die meisten Anfragen kämen von Banken oder anderen kundenorientierten Unternehmen, die vermehrt auf gute Umgangsformen ihrer Mitarbeiter achteten, berichtet Karin Fischer von der IHK in Stade. Schließlich sei
45 es hilfreich, wenn die Berufseinsteiger wüssten, dass sie Kollegen erst duzen dürfen, wenn es ihnen angeboten werde, oder dass sie niemals von sich aus die Hand zur Begrüßung reichen sollten. Dieses Wissen werde in der Schule überhaupt nicht vermittelt.
50 Gravierender als diese Fauxpas sind jedoch Fehlverhalten beim Essen, die viele Knigge-Trainer auf Versäumnisse des Elternhauses zurückführten. Mindestens sechzig Prozent seiner Seminarteilnehmer könnten nicht richtig mit Besteck umgehen, berichtet Künneth. „Das sieht dann aus, als woll-
55 ten sie ein Schwein schlachten."
Früher seien mangelnde Tischmanieren nicht so stark ins Gewicht gefallen, weil es genug Stellen für Auszubildende gab. Mittlerweile sei die Konkurrenz der Bewerber jedoch so groß, dass viele Vorgesetzte gerade diese Verhaltensweisen
60 in den Vordergrund stellten, um sich ein Bild von ihrem Firmennachwuchs zu machen. „Ein Auszubildender kann noch so gute Noten haben", meint Künneth. Wenn er nicht richtig essen könne, sei er als Repräsentant für ein Unternehmen nicht geeignet.
65 Trotz der großen Nachfrage ist die Azubi-Etikette für viele Firmen noch immer ein Tabu-Thema. „Es gibt Unternehmen, die damit ihre Schamgrenze überschritten sehen", sagt Karin Fischer. Denn nicht alle geben gern zu, dass ihre sorgfältig auserlesenen Azubis noch nicht einmal mit Messer und
70 Gabel umgehen können.

Quelle: Iskandar, Katharina, in: Frankfurter Allgemeine Sonntagszeitung, 14.08.2005, Nr. 32, S. 43.

Ihre Anmerkungen, Fragen?

A **2** Welche Fragen haben Sie sich zum Text notiert?

3 Welche Begriffe haben Sie markiert?
Schlagen Sie im Duden nach und erläutern Sie diese.

_____
_____
_____
_____
_____
_____
_____
_____
_____
_____
_____
_____
_____
_____
_____
_____

4 Erläutern Sie folgende Begriffe:

Knigge _____

(die) Charge _____

(der) Fauxpas _____

5 Beantworten Sie bitte folgende Fragen, nachdem Sie den Text sorgfältig bearbeitet haben.

	Ja	Nein
In Benimmkursen für Auszubildende geht es vor allem um das Basiswissen des Benehmens.		
Die Nachfrage der Unternehmen an Benimmkursen für Auszubildende ist stark gestiegen.		
Die Schule sollte Wissen über die Benimmregeln im Berufsalltag vermitteln.		
Kundenorientierte Firmen achten verstärkt auf gute Umgangsformen ihrer Mitarbeiterinnen und Mitarbeiter.		
Nur die Minderheit der Seminarteilnehmer kann richtig mit Besteck umgehen.		
Mangelnde Tischmanieren wirken sich negativ auf die Bewerbung aus.		
Die Benimmregeln gelten für alle Ausbildungsberufe in gleicher Weise.		

Quelle: Vergleichsarbeit Deutsch, 17. Oktober 2005, Ministerium für Bildung, Jugend und Familie Rheinland-Pfalz.

1.2 Einen Text ordnen und gliedern

1. Lesen Sie die folgende Kurzgeschichte „Die Grillparty" von Franz Hohler.
2. Bringen Sie die vertauschten Textteile wieder in die richtige Reihenfolge.
3. Schreiben Sie die Buchstaben in die entsprechenden Kästchen, dann erhalten Sie das Lösungswort.

1.	2.	3.	4.	5.	6.	7.	8.

4. Erklären Sie diesen Begriff.
5. Versehen Sie jeden Abschnitt mit einem kurzen Satz, der den Inhalt treffend wiedergibt.
6. Vergleichen Sie Ihre Lösung mit der Lerngruppe.

Informationen zum Autor:
Franz Hohler wurde 1943 in Biel, Schweiz, geboren und lebt in Zürich. Er gilt als einer der bedeutendsten Kabarettisten und Erzähler; seit 30 Jahren schreibt Hohler Geschichten. 2002 erhielt er den Kasseler Literaturpreis für grotesken Humor.

Die Grillparty (Franz Hohler)

S Im selben Augenblick wollte sich ein Motorradfahrer, der am Ende der Straße wohnte, auf seine Sonntagabendausfahrt begeben, er fuhr die Straße herunter und versuchte, den fallenden Buben auszuweichen, verlor dadurch die Herrschaft über sein Fahrzeug, durchbrach einen leichten Holzzaun und schlitterte, immer noch aufrecht, durch ein steiles Rosenbeet auf eine Rasenfläche hinab, wo eine andere Familie eine Grillparty abhielt.

_____

K Das Durcheinander war grauenhaft. Das Motorrad fegte das Anrichtetischchen voll Veltinerflaschen, Kartoffelsalat und Erdbeertörtchen weg, dem Fahrer schlug es die Beine in die Glut, heiße Koteletts und glühende Kohlen flogen durch die Luft und trafen die Gäste im Gesicht oder auf den Kleidern, eine Spitze des Faltgrills bohrte sich der Hausfrau in den Unterarm, die Spiritusflasche explodierte wie ein Molotowcocktail am Geräteschuppen, der sofort in Flammen stand, der Motorradfahrer schleppte sich zur Seite und riss sich seine schmorenden Lederhosen ab, bevor er in Ohnmacht sank – ich weiß nicht genau, was noch alles geschah und wie stark das Feuer schon vom Geräteschuppen aufs Haus übergegriffen hatte.

_____

R Denn meistens macht es etwas Mühe, die richtige Hitze hinzukriegen mit den Holzkohlen, der Hausherr kniet mit rot angelaufenem Gesicht neben dem einbetonierten Grillpfeiler und bläst, die Lippen zum Kuss gespitzt, in die Glut, ab und zu dreht er den Rost heraus und spritzt etwas Spiritus auf die Kohlen, eine Stichflamme schießt auf, die sogleich in weißen Rauch übergeht, und dann zischen wieder Fetttropfen vom Fleisch in die Glut und erwecken kleine Flämmchen.

_____

G Sie kennen diese kleinen Anlässe, wo eine Familie die andere zu sich in den Garten einlädt, auf den Abend, um ein paar Jägerschnitzel zu grillen oder Schweinsbrustspitzen oder Kaninchenkeulen, und dazu trinkt man einen nicht zu teuren

Rotwein, der aber doch nach etwas aussieht, Médoc vielleicht oder Fleurie, appellation controllée, keine Schlossabfüllung, man trinkt schon, bevor das Fleisch gar ist.

T Und wenn sich der Hausherr endlich ächzend und triumphierend zugleich erhebt und schweißnass mit den bedenklich geschwärzten Fleischstücken zum Gartentisch wankt, hat die Stimmung schon eine Ausgelassenheit erreicht, die es ohne Weiteres möglich macht, dass ein Gast, und das passierte Herrn Sch. aus Z. tatsächlich, dass Herr Sch., als ihm die Gastgeberin die Meerrettichsauce reichte, rief: „Meerrettich? Igittigitt!" und das Gläschen mit der Sauce im Überschwang über die Schulter nach hinten warf.

O Und am Tischchen daneben trinkt man weiter vom günstigen Bordeaux, greift immer wieder in die Salznüsschen und Käsecracker, knirschend und knackend bändigt man seinen Hunger, pickt sich auch schon scherzend ein Salatblatt aus der Schüssel, die zweite Flasche wird geöffnet, die dritte auch.

E Als der Pikettwagen eintraf, ich weiß nur, dass Herr Sch. sich wünschte, er wäre nicht in Z., sondern in K. oder M. oder noch weiter entf., in W.a.A. oder C.s.S., aber was half's ihm, er war da, und er war schuld, und es wundert wohl weder Sie noch mich, dass er seither immer ein bisschen zusammenzuckt, wenn er das Wort „Meerrettich" hört.

E Vor der Hecke des Gartens führte aber die Quartierstraße durch, und dort standen gerade zwei Buben mit ihren Fahrrädern; der erste der beiden wurde von der Meerrettichsauce so überraschend am Hinterkopf getroffen, dass er das Gleichgewicht einbüßte und auf den zweiten Buben fiel, der nun mit dem ersten zusammen auf die Straße stürzte.

Quelle: Hohler, Franz: Die Karawane am Boden des Milchkrugs, Luchterhand Verlag, München 2003, Seite 95.

1.3 Lesenswert – Eine Buchvorstellung

Um sich auf eine Buchvorstellung vorzubereiten, sollten Sie sich Gedanken machen, in welche einzelnen Bausteine sich eine derartige Vorstellung gliedert.

1 Wo können Sie sich über Bücher informieren?
_____
_____
_____

2 Welche Absichten und Ziele sind mit einer Buchvorstellung verbunden?
_____
_____
_____

Warum ich das Buch vorstellen möchte
- Genre (literarische Gattung): Krimi, Fantasy, Science Fiction, …
- Personenkonstellation
- Handlung
- Weitere Bücher des Autors bzw. der Autorin
- Angaben zum Autor bzw. zur Autorin
- Bibliografische Angaben
- Aus dem Buch vorlesen
- Aufbau des Buches

3 Eine Buchvorstellung setzt sich aus mehreren Bausteinen zusammen. Ordnen Sie die oben angebotenen Bausteine in eine sinnvolle Reihenfolge, indem Sie diese mit Nummern versehen.

4 Vergleichen Sie Ihre Gliederungen in der Lerngruppe.
Diskutieren Sie über die Vor- und Nachteile.

5 Durch welche Bausteine könnte die Buchvorstellung noch ergänzt werden?
_____
_____
_____

6 Sie haben gerade ein gutes Buch gelesen.
Mit Hilfe der obigen Angaben können Sie einen Stichwortzettel erstellen.

Genre

Handlung

Aufbau des Buches

…

7   Führen Sie eine Buchvorstellung in Ihrer Klasse durch.
8   Üben Sie Ihre Logik und finden Sie Titel und Genre.

Der Schnellschreiber

Arno Weiden ist ein Autor, dessen Werke zwar von vielen gelesen werden, der aber dennoch kaum jemandem bekannt ist. Der Grund dafür ist, dass er unter Künstlernamen billige Geschichten für Romanhefte schreibt und darauf besteht, dass sein echter Name nicht abgedruckt wird. Diesen Monat sind es allein sechs Geschichten, die er abliefern muss. Wie heißt welche Story, welchem Genre ist sie angehörig und wann muss er sie abgeben?

Hinweise:
Jägers Mond ist unmittelbar zwischen *Weißes Pferd* und einer Story, deren Titel aus nur einem Wort besteht, zur Abgabe fällig. Die Geschichte mit dem Titel *Goodman* muss nicht am 7. fertig sein, aber einige Zeit vor der Romanze und irgendwann nach dem Historienroman. Unmittelbar nach *Stern der Verheißung* muss Arno den Western abliefern. Direkt vor *Stern der Verheißung* muss das *Weiße Pferd* fertig sein. Nur sechs Tage nach *Inferno*, das kein Historienroman werden soll, muss das Manuskript für die Spionagegeschichte beim Verleger eintreffen. Der Titel des Kriminalromans besteht aus einer geraden Anzahl von Wörtern.

Titel: *Ein Mann in Blau, Goodman, Inferno, Jägers Mond, Stern der Verheißung, Weißes Pferd*
Genres: Historienroman, Krimi, Romanze, Science-Fiction, Spionagegeschichte, Western
Starthilfe: Finden Sie zunächst heraus, welche Geschichte Arno zuletzt fertigstellen muss.

Datum	Titel	Genre
1.		
7.		
10.		
16.		
19.		
28.		

Quelle: P.M. Logik-Trainer, Wilhelm Goldmann Verlag, 4. Auflage 2001, S. 286–287.

1.4 Buch und Film – Unterschiede aufzeigen

1 Was ist Ihr Lieblingsbuch?

2 Woran kann es liegen, dass eine Buchverfilmung den Leser oft enttäuscht?

Alexander
Die Geschichte des rastlosen makedonischen Feldherrn in der (selbst-)herrlichen Inszenierung von Oliver Stone.

Quelle: http://cinema.msn.de/news/detail/?id=2728 (24.02.06).

Historienepos, USA/GB/NL 2004

Inhalt User
Filmbilder
Filmtrailer bei AMAGO
Film-Infos Cast
DVD
Läuft in diesen Kinos

3 Welche Informationen enthalten solche Kurzvorschauen?

4 Welche inhaltlichen Informationen vermissen Sie?

5 Ein Buch lesen – den Film sehen. Diese beiden Möglichkeiten sind doch sehr unterschiedlich. Welche Unterschiede stellen Sie fest. Notieren Sie Ihre Erfahrungen zwischen Buch und Film.

Ein Buch lesen

Text/Wort:
Ein Buch hat in der Regel einen einheitlichen Stil. Schwierigere Texte und lange Sätzen sind möglich, wodurch der Wortschatz erweitert und man sprachlich gefordert und gefördert wird.

Ton:
Es können nur Beschreibungen erfolgen. Man kann z. B. einen Liedtext lesen, muss sich die Melodie aber vorstellen. Sonstige Geräusche (von Maschinen, Tieren, Gewitter…) muss man sich beim Lesen vorstellen.

Bild:
Um sich ein inneres Bild vorzustellen, benötigt man Vorstellungskraft. Der Text beschreibt für alle die gleiche Szene – jedoch ist das eigene Bild etwas sehr individuelles: Fremde Länder oder historische Ereignisse sind für Unerfahrene schwer vorstellbar.

Handlung:
Im Buch sind mehrere Handlungsstränge meist kunstvoll miteinander verbunden, oft schreitet die Handlung nicht chronologisch angeordnet voran. Es muss sehr aufmerksam und konzentriert gelesen werden.

Gedanken, Stimmung:
Der Autor stellt das Denken und die Ansichten seiner Figuren in ausführlich charakterisierenden Beschreibungen dar. Besondere Stimmungen werden durch konkrete Beschreibung vermittelt, Stilmittel unterstützen die Aussage. Der Leser muss aber bereit sein, sich auf die Stimmung einzulassen.

Erzähler:
Er- oder Ich-Erzähler, allwissender (omnipotenter Erzähler), personaler Erzähler. Das Besondere an epischen Werken ist, dass zwischen Autor und Leser ein Erzähler vermittelt.

Einen Film sehen

1.5 Der Film Alexander – den Inhalt erfassen

Über den Film wird unter dem Stichwort „Inhalt" folgender Text angeboten:

Starregisseur Oliver Stone hat sich mit der Verfilmung der Eroberer-Chronik einen Lebenstraum erfüllt. Doch das Schlachtenglück des großen Makedonen bleibt ihm nicht beschieden.

Er war der mächtigste Feldherr der Antike, ein Staatsmann, der ein gigantisches Weltreich schuf und das Abendland mit dem Morgenland verband: Alexander der Große gehört zu den legendärsten Persönlichkeiten der Geschichte. Oliver Stone, bekannt für historische Verfilmungen wie „Geboren am 4. Juli", „JFK – Tatort Dallas" oder „Nixon", träumte seit seinen Studienjahren an der Filmhochschule davon, den berühmten Makedonen auf die Leinwand zu bannen. Es bedurfte eines langen Anlaufs und vieler Mühen, um diesen Traum Wirklichkeit werden zu lassen. Aber jetzt ist es vollbracht: In der 150-Millionen-Dollar-Produktion „Alexander" huldigt Oliver Stone fast drei Stunden lang dem furchtlosen Heerführer.

Drei sehr, sehr lange Stunden. Allein die umständliche Einleitung nimmt über eine halbe Stunde in Anspruch, und auch danach kommt das Epos nur schleppend in Gang. Stone will dem Gegenstand seiner Betrachtung mit Macht gerecht werden, das ist jedem Bild, das ist jedem Ausstattungsstück anzusehen. Doch was als Lebensbeschreibung von Alexander in all seinen Widersprüchen und gottgleichen Mysterien gemeint war, missrät zur prätenziösen, eindimensionalen Heldenbeschwörung. „Alexander" ist besser als andere Historienfilme der letzten Monate, aber der schlechteste Film, den Oliver Stone je gedreht hat.

Colin Farrell spielt den Alexander mit Hingabe, aber sobald es ans deklamatorische Redenschwingen geht, vermag auch er gewisse Peinlichkeiten nicht zu überspielen. Angelina Jolie versprüht in der Rolle von Alexanders Mutter Olympias verruchte Sophia-Loren-Erotik, und damit auch jeder merkt, dass sie eine intrigante Natter ist, baumeln ihr permanent Schlangen um den Hals. Val Kilmer hat als Alexanders Vater Philipp noch den dankbarsten Part – zum einen weil er unter der Maske des Trunkenbolds schier unkenntlich ist, zum anderen weil er relativ zügig aus der Handlung gemeuchelt wird.

Oliver Stone erzählt die Geschichte des Makedonen-Herrschers von der Geburt an, allerdings nicht streng linear, sondern etwa in der Mitte mit einer längeren Rückblende versehen, die um die Umstände seiner Thronerhebung kreist. Alexanders Männerliebe, vor allem zu seinem Gefährten Hephaistion (Jared Leto), wird breit thematisiert, aber nie offen ausgespielt. Die Sexszenen mit Alexanders erster Ehefrau Roxane (Rosario Dawson) fallen ungleich freizügiger aus, offenbar ein Zugeständnis an das Massenpublikum, dem man nicht ständig karnevalesk kostümierte Mascara-Krieger zumuten möchte.

Ausstattung und Bauten des Films sind exzellent, vor allem die Rekonstruktion Babylons ist sensationell gelungen. Doch trotz der exzessiven Bilderpracht und dem wilden Rausch der Schlachtsequenzen bleibt die Inszenierung leblos und kühl. Viele der Dialoge wirken wie abgefilmtes Theater, das Pathos der ewigen Heldenaufmärsche mutet mitunter sehr angestaubt an. Im Bestreben, großen Vorbildern wie „Ben Hur" oder „Spartacus" nachzueifern, unterwirft sich Stone fast sklavisch dem Regelwerk des klassischen Monumentalfilms – sehr zum Nachteil seiner eigenen filmischen Handschrift.

Erst wenn gegen Ende die Schlacht gegen die indischen Kampfelefanten tobt, gewinnt die Bildsprache die entfesselte Dynamik, die man normalerweise von einem Oliver Stone erwartet. „Wer Alexander nicht liebt, muss ein armer Teufel sein", heißt es verächtlich im Eröffnungsmonolog von Erzähler Anthony Hopkins, was sich übertragen auf das Stone-Epos auch als clever verpackte Werbebotschaft deuten ließe. Die kann der Film auch gut brauchen.

Originaltitel: USA/GB/NL 2004
Regie: Oliver Stone
Darsteller: Colin Farrell, Angelina Jolie, Val Kilmer, Christopher Plummer

Quelle: http://cinema.msn.de/film_aktuell/filmdetail/film/?typ=inhalt&film_id=487315 (10.01.2006)

Kapitel 1 – Mit Texten umgehen

A

1 Lesen Sie den Text zum Film „Alexander" von Oliver Stone.
2 **a** Markieren Sie mit Textmarker alle Wörter und Begriffe, die Ihnen unbekannt sind.
  b Tragen Sie diese Begriffe in die folgende Tabelle ein. Schlagen Sie die Bedeutung in Wörterbüchern und Lexika nach oder recherchieren Sie im Internet.
  c Notieren Sie die Bedeutung in der Tabelle.

Unbekannte Wörter und Begriffe	Bedeutung

Lernbereich 2: Lesen, mit Texten umgehen, Schreiben

A

3 Unterstreichen Sie alle Textstellen, die sich nur auf den Inhalt und die Handlung des Filmes beziehen.

4 Schätzen Sie den Anteil der Informationen zu Inhalt und Handlung. ☐ %

5 Worum handelt es sich bei den übrigen Textanteilen?

_____

_____

6 Welche Informationen vermissen Sie, wenn Sie sich über Inhalt und Handlung informieren wollen?

_____

_____

Was wissen Sie noch über einen Film und seine Handlung? Sind Sie auch manchmal überrascht, wenn Sie nur einen kurzen Hinweis auf den Film hören und sich dann sofort an den Titel bzw. an den Inhalt des Filmes erinnern? An den folgenden Beispielen können Sie dies ausprobieren.

Hinweis	Um welchen Film handelt es sich?
DiCaprio spielt eine Hauptrolle auf dem sinkenden Schiff.	
Viele schwarze Vögel greifen an.	
Die Römer werden immer wieder verkloppt.	
Er kennt sich mit Tieren, besonders mit Pferden gut aus.	
Krokodile und Australien spielen eine wichtige Rolle.	
Nur ein Dinosaurier überlebte.	
Mit einem Weltraumschiff sind sie Jahrhunderte unterwegs.	
Sein Name ist Harry.	
Wer den Ring besitzt, der beherrscht die Welt.	
Ein Mönch löst Mordfälle im Kloster.	

1.6 Inhaltsangabe

Die **Inhaltsangabe** ist ein Bericht über eine erdachte oder wirkliche Geschichte, die in einem Buch erzählt oder z. B. in einem Film gezeigt wird. Sie soll kurz und knapp über das Wesentliche der Handlung informieren.

Inhalt
Zunächst werden in einer kurzen Einleitung (**Basissatz**) Angaben gemacht über:
- den Verfasser
- den Titel des Werks mit Angabe der Textsorte
- das Thema
- die Aussageabsicht des Verfassers

Im Hauptteil wird das Wesentliche des Inhalts – Hauptpersonen, Ereignisse, Schauplatz – in sachlicher Form beschrieben. Es sollte dabei möglichst keine Spannung erzeugt werden, aber Handlungszusammenhänge (Grund-Folge-Beziehungen) müssen erklärt werden.

Sprache
Die Inhaltsangabe wird in einem sachlichen Stil abgefasst, das bedeutet:
- Keine wertenden Adjektive („umständliche Einleitung", „der schlechteste Film"), sondern neutrale und dennoch treffende Attribute wählen.
- Beschreibende, nicht Spannung erzeugende Verben einsetzen.
- Vor allem Aussagesätze und Satzgefüge formulieren.
- Die Zeitstufe der Gegenwart gebrauchen und die Zeitform „Präsens" verwenden.
- Wörtliche Aussagen in indirekter Rede wiedergeben.

Die Inhaltsangabe kann am Ende durch eine persönliche Deutung und Wertung ergänzt werden (**erweiterte Inhaltsangabe**).

---

1 Formulieren Sie einen Basissatz zum Film „Alexander".

   a Machen Sie sich dazu Notizen und ergänzen Sie den folgenden Stichwortzettel:

Verfasser	
Titel	
Textsorte	
Thema	
Aussageabsicht	

   b Formulieren Sie aus den Stichwörtern den Basissatz.

Inhaltsangabe zu „Alexander" (von Michaela)

Der Film „Alexander" von Oliver Stone, gedreht im Jahr 2004, handelt vom Aufstieg des Feldherrn und Eroberers Alexander (356 bis 323 vor Christus), der innerhalb weniger Jahre ein Weltreich erobert.

Er ist der Sohn des Makedonen-Herrschers Philipp und dessen Frau Olympias. Vor allem die Mutter verfolgt mit allen Mitteln das ehrgeizige Ziel, ihren Sohn den makedonischen Thron und die Vorherrschaft über Griechenland zu sichern. Dies geht soweit, dass Olympias ihren eigenen Gatten ermorden lässt. Ob Alexander selbst am Mord beteiligt ist, bleibt unklar.

Der Film zeigt, wie Alexander mit seinen zahlenmäßig weit unterlegenen Truppen siegreiche Schlachten gegen die riesigen Armeen Persiens führt. Dies gelingt ihm mit Hilfe seiner brüderlichen Freunde, insbesondere Ptolemaios (dem Erzähler des Films) und Hephaistion, der mehr als nur ein Freund ist.

Alexanders Vision ist es zunächst, das persische Reich zu erobern, später will er Herrscher über die gesamte bewohnte Welt werden. Sein Feldzug führt ihn deshalb auch nach Ägypten und zuletzt nach Indien, das als Ende der Welt gilt. In Persien heiratet er Rhoxane, eine Fürstentochter, um symbolisch das griechischmakedonische und das persische Weltreich zu verbinden.

In den zahlreichen Schlachten verkörpert er einen neuen Herrschertyp: Immer ist er an vorderster Front dabei, kämpft unerbittlich und treibt seine Armee zum Äußersten an.

Der Film endet mit dem einsamen und mysteriösen Tod des Herrschers Alexander.

A
1 Lesen Sie die Inhaltsangabe der Schülerin zum Film „Alexander" und prüfen Sie, inwieweit die Merkmale einer Inhaltsangabe erfüllt sind.
2 Markieren Sie dazu im Text die wichtigen Stellen.
3 Schreiben Sie eine Inhaltsangabe zu einem Film, den Sie erst kürzlich gesehen haben.

Nachdem Sie die Inhaltsangabe zum Film „Alexander" beurteilt haben, ist es wichtig, eine Inhaltsangabe selbst zu verfassen. Üben Sie dies am Beispiel „Pickelhering" von Peter Maiwald.

1 Lesen Sie die Kurzgeschichte.
2 Markieren Sie wichtige Informationen.
3 Verfassen Sie den Basissatz.
4 Schreiben Sie den Hauptteil der Inhaltsangabe.

Pickelhering (Peter Maiwald)

Keiner wird kommen. Da bin ich mir sicher. Keiner wird kommen und mich abholen. Heute ist Malwines Geburtstag, denkt der Junge und starrt aus dem Fenster.

5 Ist doch klar, dass keiner kommen wird, denkt der Junge weiter und schaut verdrossen, aus dem Fenster, ist doch klar, dass keiner kommen wird, so wie ich aussehe. Wer will schon mit so einem zu tun haben? Kein Wunder, dass sie immer Pickelhering zu mir
10 sagen. Immer Pickelhering. Wegen meiner Pickel im Gesicht. Morgens, mittags und abends, Pickelhering. Dabei heiße ich doch Georg.

Keiner kommt, das ist klar, denkt der Junge, der Georg heißt, aber wegen seiner Pickel Pickelhering
15 genannt wird, und sieht düster aus dem Fenster. Wetten, dass keiner kommt und mich abholt? Dabei ist heute Malwines Geburtstag, und ich wäre gerne dabei. Aber wer will mich schon dabei haben? Mit meinen Pickeln im Gesicht? Ich kann mir ihre
20 Gesichter schon vorstellen, wie sie den Mund verziehen, wenn sie von mir reden. Der Pickelhering? Nein! Nie! Nie! Niemals! Ekelhaft und Igittigitt.

Warum sollten sie mich auch abholen, denkt der Junge und fühlt sich ganz als Pickelhering. Warum
25 auch? Mich pickliges Etwas?

Alle sehen besser aus als ich. Edi sieht besser aus. Robert sieht besser aus. Paule sieht besser aus. Alle sehen besser aus. Malwine sieht am besten aus. Malwine hat heute Geburtstag. Malwine hat noch nie
30 Pickelhering zu mir gesagt.

Das wird lustig werden, auf Malwines Geburtstag, denkt der Junge, der aus dem Fenster sieht, und spürt wie ihm etwas im Bauch wehtut. Alle werden ihren Spaß haben. Nur ich nicht. Weil ich nicht da sein
35 werde. Weil mich keiner abholt. Weil mich keiner will.

Vielleicht Malwine, weil sie nie Pickelhering zu mir sagt. Aber vielleicht denkt sie es?

Warum haben die anderen keine Pickel, nur ich, denkt der Junge und verzieht sein Gesicht, weil es sich im Fensterglas spiegelt. Warum nur ich? Hallo, Pickel-
40 hering, sagt der Junge zu sich und seinem Spiegelbild. Wie geht s? Heute ist Malwines Geburtstag. Malwine wird schön aussehen. Malwine sieht immer schön aus. Malwine sieht superschön aus. Keine Frage. Malwine ist die Schönste. Eigentlich sehe ich auch
45 nicht schlecht aus. Wenn die Pickel nicht wären.

Niemand wird kommen, denkt der Junge finster und schließt die Augen, damit er sein Spiegelbild im Fensterglas nicht mehr sehen muss. Niemand wird mich abholen. Keiner. Das ist sicher. Und alleine hin-
50 gehen tu ich nicht. Auf keinen Fall. Mit den anderen ja, alleine nicht. Wie sieht denn das aus? Als wollte ich was von Malwine? Da kann ich mir die anderen schon vorstellen: Der Pickelhering ist in Malwine verknallt! Ausgerechnet der Pickelhering! In die schöne
55 Malwine! Und wie sie lachen und prusten und feixen und kichern und gackern und wiehern und krähen.

Das Geschenk hätte ich mir sparen können, denkt der Junge und hat seine Augen wieder geöffnet und sieht das Geschenk auf dem Tisch liegen. Das Geschenk
60 hätte ich mir sparen können. Obwohl es Malwines Lieblingspralinen sind. Keiner weiß, welches Malwines Lieblingspralinen sind. Ich weiß das. Von Malwines Schwester. Aber das Geschenk hätte ich mir sparen können.
65

Nun ist es schon fünf vor drei, denkt der Junge und hört auf aus dem Fenster zu sehen. Um drei beginnt Malwines Geburtstag. Nun ist es zu spät. Obwohl es bis dahin, wo Malwine wohnt, nicht weit ist. Man könnte es noch schaffen. Aber wenn keiner kommt.
70 Wenn niemand mich abholt. Nicht einer.

Ich wünschte, alle wären blind, denkt der Junge und schließt seine Augen. Wenn alle blind wären, könnte keiner mein Gesicht und meine Pickel sehen und niemand würde Pickelhering zu mir sagen. Niemand.

Keiner. Kein Einziger. Allerdings könnte ich dann auch nicht Malwine sehen. Und wie schön sie ist. Ich wünschte, alle wären blind, denkt der Junge, nur ich nicht. Und er öffnet seine Augen und stellt sich in Gedanken Malwine vor. Und wie schön sie ist.

Da ertönt vor seinem Fenster ein Pfiff, und dann noch ein zweiter, und dann noch ein dritter, und Müller Edis Stimme schreit: Georg! Geeeorg! Geeeeeorg! Komm runter! Wir sind spät dran! Und der Junge, den sie Pickelhering nannten wegen seiner Pickel im Gesicht, war nun überhaupt kein Pickelhering mehr, sondern nur noch ein Junge, der Georg hieß, und er hatte nur noch zwei Dinge im Kopf, Malwine und Malwines Geburtstag, und so rannte, nein, sprang, nein, raste er die Treppe hinunter.

Quelle: Maiwald, Peter: Pickelhering in: Maiwald, Peter: 100 Geschichten, München, Hanser Verlag, 2004, S. 19–21.

Auf folgende Punkte sollten Sie in Ihrer Inhaltsangabe eingehen:
- Warum traut sich Georg nicht, alleine zu gehen?
- Warum glaubt Georg, dass ihn niemand abholt?
- Was unterscheidet Malwine von den anderen?

Peter Maiwald lebt als freier Schriftsteller in Düsseldorf. Nach dem Abbruch seines Studiums der Theaterwissenschaften, Germanistik und Soziologie war er vorübergehend Mitglied der Deutschen Kommunistischen Partei. Die kritische Monatszeitschrift „Düsseldorfer Debatte" hat er 1984 mitbegründet. Sein Werk war zunächst stark von kommunistischen Literaten wie Brecht geprägt, inzwischen hat er sich von der dogmatischen Ausrichtung gelöst. Vor allem in seiner lyrischen Arbeit verwendet er wieder traditionelle Formmittel. Maiwald veröffentlichte viele Essays, Hörspiele und Rundfunkbeiträge. Er hat bereits zahlreiche Förderpreise und Stipendien erhalten.

Quelle: www.wikipedia.org, Stichwort: Peter Maiwald (18.01.2006).

Anekdote von der Senkung der Arbeitsmoral
(Heinrich Böll)

In einem Hafen an einer westlichen Küste Europas liegt ein ärmlich gekleideter Mann in seinem Fischerboot und döst. Ein schick angezogener Tourist legt eben einen neuen Farbfilm in seinen Fotoapparat, um das idyllische Bild zu fotografieren: blauer Himmel, grüne See mit friedlichen schneeweißen Wellenkämmen, schwarzes Boot, rote Fischermütze. Klick. Noch einmal: klick, und da aller guten Dinge drei sind und sicher sicher ist, ein drittes Mal: klick. Das spröde, fast feindselige Geräusch weckt den dösenden Fischer, der sich schläfrig aufrichtet, schläfrig nach seiner Zigarettenschachtel angelt; aber bevor er das Gesuchte gefunden, hat ihm der eifrige Tourist schon eine Schachtel vor die Nase gehalten, ihm die Zigarette nicht gerade in den Mund gesteckt, aber in die Hand gelegt, und ein viertes Klick, das des Feuerzeugs, schließt die eilfertige Höflichkeit ab. Durch jenes kaum messbare, nie nachweisbare Zuviel an flinker Höflichkeit ist eine gereizte Verlegenheit entstanden, die der Tourist – der Landessprache mächtig – durch ein Gespräch zu überbrücken versucht.

„Sie werden heute einen guten Fang machen." Kopfschütteln des Fischers.

„Aber man hat mir gesagt, dass das Wetter günstig ist." Kopfnicken des Fischers.

„Sie werden also nicht ausfahren?"

Kopfschütteln des Fischers, steigende Nervosität des Touristen. Gewiss liegt ihm das Wohl des ärmlich gekleideten Menschen am Herzen, nagt an ihm die Trauer über die verpasste Gelegenheit. „Oh, Sie fühlen sich nicht wohl?" Endlich geht der Fischer von der Zeichensprache zum wahrhaft gesprochenen Wort über.

„Ich fühle mich großartig", sagte er. „Ich habe mich nie besser gefühlt."

Er steht auf, reckt sich, als wolle er demonstrieren, wie athletisch er gebaut ist. „Ich fühle mich phantastisch."

Der Gesichtsausdruck des Touristen wird immer unglücklicher, er kann die Frage nicht mehr unterdrücken, die ihm sozusagen das Herz zu sprengen droht: „Aber warum fahren Sie dann nicht aus?"

Die Antwort kommt prompt und knapp. „Weil ich heute morgen schon ausgefahren bin."

„War der Fang gut?"

„Er war so gut, dass ich nicht noch einmal auszufahren brauche, ich habe vier Hummer in meinen Körben gehabt, fast zwei Dutzend Makrelen gefangen."

Der Fischer, endlich erwacht, taut jetzt auf und klopft dem Touristen beruhigend auf die Schultern. Dessen besorgter Gesichtsausdruck erscheint ihm als ein Ausdruck zwar unangebrachter, doch rührender Kümmernis.

„Ich habe sogar für morgen und übermorgen genug", sagte er, um des Fremden Seele zu erleichtern. „Rauchen Sie eine von meinen?"

„Ja, danke."

Zigaretten werden in Münder gesteckt, ein fünftes Klick, der Fremde setzt sich kopfschüttelnd auf den Bootsrand, legt die Kamera aus der Hand, denn er braucht jetzt beide Hände, um seiner Rede Nachdruck zu verleihen.

„Ich will mich ja nicht in Ihre persönlichen Angelegenheiten mischen", sagt er, „aber stellen Sie sich mal vor, Sie führen heute ein zweites, ein drittes, vielleicht sogar ein viertes Mal aus und Sie würden drei, vier, fünf, vielleicht gar zehn Dutzend Makrelen fangen. Stellen Sie sich das mal vor."

Der Fischer nickt.

„Sie würden", fährt der Tourist fort, „nicht nur heute, sondern morgen, übermorgen, ja, an jedem günstigen Tag zwei-, dreimal, vielleicht viermal ausfahren – wissen Sie, was geschehen würde?"

Der Fischer schüttelt den Kopf.

„Sie würden sich in spätestens einem Jahr einen Motor kaufen können, in zwei Jahren ein zweites Boot, in drei oder vier Jahren könnten Sie vielleicht einen kleinen Kutter haben, mit zwei Booten oder dem Kutter würden Sie natürlich viel mehr fangen – eines Tages würden Sie zwei Kutter haben, Sie würden …", die Begeisterung verschlägt ihm für ein paar Augenblicke die Stimme: „Sie würden ein kleines Kühlhaus bauen, vielleicht eine Räucherei, später eine Marinadenfabrik, mit einem eigenen Hubschrauber rund fliegen, die Fischschwärme ausmachen und Ihren Kuttern per Funk Anweisung geben. Sie könnten die Lachsrechte erwerben, ein Fischrestaurant eröffnen, den Hummer ohne Zwischenhändler direkt nach Paris exportieren – und dann …", wieder verschlägt die Begeisterung dem Fremden die Sprache. Kopfschüttelnd, im tiefsten Herzen betrübt, seiner Urlaubsfreude schon fast verlustig, blickt er auf die friedlich hereinrollende Flut, in der die ungefangenen Fische munter springen. „Und dann", sagt er, aber wieder verschlägt ihm die Erregung die Sprache.

Der Fischer klopft ihm auf den Rücken, wie einem Kind, das sich verschluckt hat. „Was dann?" fragt er leise.

72 Lernbereich 2: Lesen, mit Texten umgehen, Schreiben

„Dann", sagt der Fremde mit stiller Begeisterung, „dann könnten Sie beruhigt hier im Hafen sitzen, in der Sonne dösen – und auf das herrliche Meer blicken."
„Aber das tu ich ja schon jetzt", sagte der Fischer, „ich sitze beruhigt am Hafen und döse, nur Ihr Klicken hat mich dabei gestört."

Tatsächlich zog der solcherlei belehrte Tourist nachdenklich von dannen, denn früher hatte er auch einmal geglaubt, er arbeite, um eines Tages einmal nicht mehr arbeiten zu müssen, und es blieb keine Spur von Mitleid mit dem ärmlich gekleideten Fischer in ihm zurück, nur ein wenig Neid.

Quelle: Böll, Heinrich: Anekdote von der Senkung der Arbeitsmoral, in: Böll, Heinrich: Werke, Romane, Erzählungen, Bd. 4, Köln, Kiepenheuer und Witsch, 1994, Seite 267–269.

> Heinrich Böll war das achte Kind von Viktor Böll aus dessen zweiter Ehe. Bis 1945 kämpfte Heinrich Böll, zuletzt als Obergefreiter, an mehreren Kriegsfronten und wurde mehrere Male verwundet. Seine ersten Kurzgeschichten erschienen 1947.
> Die Jahre nach 1950 bildeten die schöpferischste Phase von Heinrich Böll. Dies beweisen die vielen Werke, die Böll hervorbrachte, z.B.: *Wo warst du, Adam?* (1951), *Und sagte kein einziges Wort* (1953), *Haus ohne Hüter* (1954), *Irisches Tagebuch* (1957), *Doktor Murkes gesammeltes Schweigen und andere Satiren* (1958), *Billard um halb zehn* (1959), *Ansichten eines Clowns* (1963) und *Ende einer Dienstfahrt* (1966). Zentrale Themen seiner Bücher sind die Erfahrung des Krieges und gesellschaftliche Fehlentwicklungen der Nachkriegszeit in Deutschland.

A

1 Lesen Sie die Anekdote.
2 Markieren Sie wichtige Informationen.
3a Unterstreichen Sie alle Verben.
3b Bestimmen Sie die Zeitform.

_____
_____
_____
_____

3c In welcher Zeitform schreiben Sie die Inhaltsangabe?

_____
_____

M

> Die Anekdote ist eine literarische Gattung, die eine bemerkenswerte oder charakteristische Begebenheit, meist im Leben einer Person, zur Grundlage hat.
> Anekdoten bedürfen einer knappen Form mit einer Pointe, um richtig zu wirken. Sie sind damit mit der Kurzgeschichte und dem Schwank verwandt.
> Sehr oft sind die Urheber von Anekdoten – ähnlich wie die von Witzen – unbekannt. Zu den namhaften Vertretern der Anekdote als Kunstform gehören Johann Peter Hebel und Heinrich von Kleist.

4 Verfassen Sie den Basissatz und schreiben Sie den Hauptteil der Inhaltsangabe in Ihr Schulheft.

_____
_____
_____
_____
_____

2 Umgang mit Sachtexten

2.1 Einen Bericht anfertigen

Ein Bericht beantwortet Fragen auf ein Geschehen, das sich nur einmal ereignete und sich nicht in gleicher Weise wiederholen kann. Mit Berichten werden Sie im Alltag in der Zeitung über Unfälle, Sportereignisse, Reisen, Versammlungen von Vereinen usw. informiert.

Tore in der Schlussphase bringen 3:2-Erfolg in Nürnberg

Bielefeld trifft spät und siegt

Nürnberg (sid). Fußball-Bundesligist 1. FC Nürnberg hat in einer turbulenten Schlussphase einen fast sicher geglaubten Heimsieg gegen Arminia Bielefeld verspielt. Die Gäste drehten durch Tore von Diego Leon (88.) und Sibusiso Zuma (90.) einen 1:2-Rückstand noch in einen 3:2 (1:1)-Auswärtserfolg.

Dominik Reinhardt hatte den Club nach nur 75 Sekunden 1:0 in Führung gebracht. Nach dem Ausgleich von Michael Fink (35.) brachte Ivica Banovic die Gastgeber erneut auf die Siegerstraße (83.). Doch die Nürnberger konnten den Vorsprung nicht über die Zeit retten.

Vor 20.438 Zuschauern im Nürnberger Frankenstadion entwickelte sich von Beginn an eine abwechslungsreiche Partie. Zunächst scheiterte Isaac Boakye freistehend vor Raphael Schäfer (12.), dann vergab der südafrikanische Nationalstürmer Zuma. Nach der Pause setzten die Gastgeber die Bielefelder verstärkt unter Druck und kamen zu weiteren guten Möglichkeiten. Stefan Kießling in der 53. und Ivica Banovic in der 62. Minute verzogen aber jeweils knapp. In der 83. Minute macht es Banovic besser und drückte den Ball aus kurzer Distanz mit dem Kopf über die Linie. Stefan Kießling hatte zuvor nur die Latte getroffen.

Quelle: Sid, Sonntag aktuell, 23.10.2005.

Schon wieder betrunken einen Unfall gebaut

JOCKGRIM. Am Mittwoch um 16.50 Uhr kam ein 49-jähriger BMW-Fahrer auf der L540 bei Jockgrim von der Fahrbahn ab, weil er zu schnell gefahren und zudem betrunken war. Sein Fahrzeug überschlug sich, es entstand ein Totalschaden, der auf etwa 15.000 Euro geschätzt wird. Ein Vortest der Polizei ergab 1,99 Promille, weswegen ihm Blut entnommen werden musste. Der Führerschein konnte dem Mann nicht abgenommen werden, da er ihn schon bei einem Unfall im Juni auf dem Weg zur Arbeit hatte abgeben müssen, als eine Blutuntersuchung 1,64 Promille ergab. (ssc)

Quelle: SSc, Die Rheinpfalz, 19.10.2005.

Merkmale eines Berichtes
- Ein Bericht wird immer sachlich abgefasst.
- Der Bericht beantwortet die W-Fragen:
    - Wer? — Beteiligte
    - Wann? — Datum, Uhrzeit
    - Wo? — Ort
    - Was? — Merkmale
    - Wie? — Hergang
    - Weshalb? — Ursachen
    - Welche? — z. B. Schäden ...
- Die Zeitform ist die Vergangenheit (Präteritum).

---

1. Markieren Sie in den beiden Zeitungsberichten die Stellen, die auf die Wer?, Wann?, Wo? und Was?-Fragen antworten.
2. Welche Äußerungen gehören nicht in einen Bericht? Markieren Sie diese mit einer anderen Farbe.

Unfallskizze

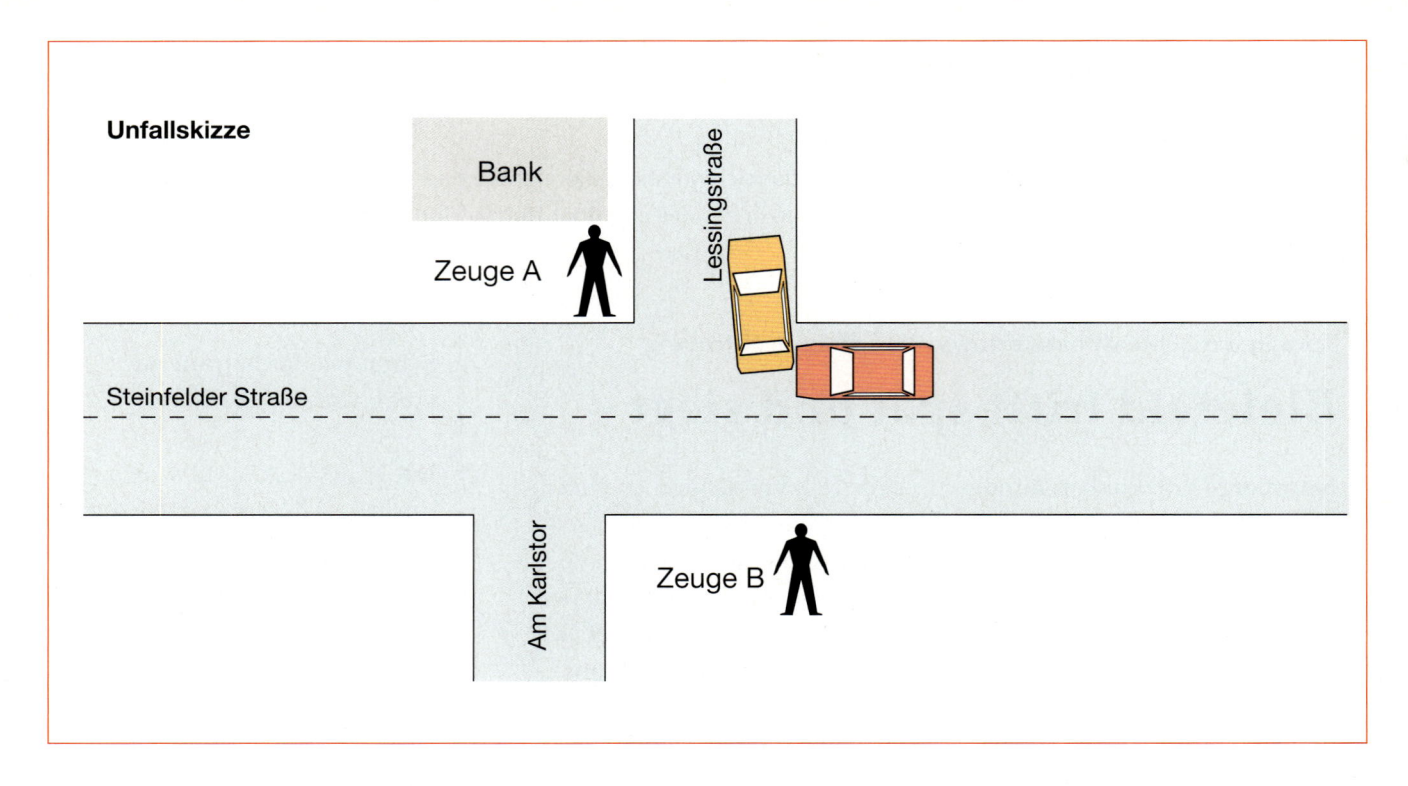

[Skizze: Kreuzung von Steinfelder Straße (horizontal) mit Lessingstraße (oben) und Am Karlstor (unten). Bank links oben, Zeuge A vor der Bank, Zeuge B an der Ecke Am Karlstor. Zwei Fahrzeuge (gelb und rot/orange) an der Einmündung der Lessingstraße kollidiert.]

Die Polizei hat die beiden Fahrer und zwei Zeugen vernommen. Folgende Aussagen wurden im Protokoll vom 12.10.20.. um 10:30 Uhr festgehalten:

Protokoll   vom 12.10.20.. um 10:30 Uhr

Fahrer A: Ich kam gerade aus der Straße Am Karlstor, fuhr auf die Steinfelder Straße und wollte in die Lessingstraße nach links abbiegen. Ich hatte natürlich meinen Blinker gesetzt. Auch hatte ich mich schon richtig zur Mitte eingeordnet. Nachdem ich schon fast in der Lessingstraße war, krachte es laut und ich wurde mit dem Fahrzeug, meinem neuen schönen BMW, um die Achse gedreht. Der VW-Fahrer ist viel zu schnell gefahren, mindestens 70 km/h, und hat mich an der hinteren rechten Seite erwischt.

Fahrer B: Ich war auf der Steinfelder Straße und fuhr stadtauswärts. Ich fuhr nicht sehr schnell, höchstens 40 km/h. Plötzlich kam der BMW aus der Straße Am Karlstor und fuhr direkt in die Lessingstraße hinein, ohne den Blinker zu setzen. Ich konnte nicht mehr rechtzeitig bremsen und erwischte den BMW im hinteren Bereich.

Zeuge A: Ich wollte gerade die Steinfelder Straße in Höhe der Bank überqueren. Ich sah den roten VW Golf kommen und wartete deshalb am Straßenrand. Der Golf fuhr sehr schnell, mindestens 60–70 km/h. Plötzlich sah ich den gelben BMW, der schnell in die Lessingstraße abbiegen wollte, und dann krachte es auch schon. Sicher hat der VW-Fahrer Schuld.

Zeuge B: Ich stand an der Ecke zur Straße Am Karlstor und bekam mit, dass der BMW in die Steinfelder Straße abbog. Dann hörte ich nur noch Glas splittern. Als ich mich umdrehte, sah ich, dass ein VW dem BMW in die rechte hintere Seite hinein gefahren war. Verletzt wurde ja niemand, aber die beiden Fahrzeuge waren schwer beschädigt. Der BMW hätte sicher den VW vorbei fahren lassen müssen, bevor er in die Lessingstraße fuhr.

1 Markieren Sie im Protokoll alle Aussagen, die für einen Bericht notwendig sind.
2 Beantworten Sie die W-Fragen.
3 Welche Aussagen gehören nicht in einen Bericht? Markieren Sie diese mit einer anderen Farbe.
4 Ergänzen Sie die Zeichnung, indem Sie den Unfallhergang markieren.
5 Schreiben Sie den Unfallbericht.

Wer?

Wann?

Wo?

Was?

Wie?

Weshalb?

Welche ?

2.2 Unfallanzeige

M
- Formulare sind in der Regel für Behörden auszufüllen und dort zu erhalten.
- Formulare müssen sorgfältig ausgefüllt werden.
- Formularfelder müssen in der Regel alle ausgefüllt werden, damit das Formular bearbeitet werden kann.

In der Sportstunde passierte es. Am Freitag, den 12. Februar 20.., war die Klasse BF01 der Berufsbildenden Schule Schiller und Goethe (Einrichtung mit der Schlüsselnummer 31) mit ihrem Sportlehrer, Herrn Frank Schreiber (99423 Weimar, Bahnhofstr. 5), in der 3. Stunde um 10:15 Uhr gerade beim Aufwärmen in der Sporthalle, Lessingstr., als sich Annette Dockweiler (geboren am 06. November 1991) verletzte. Annette sprang gerade über die Bank, als sie dabei umknickte und sich eine Muskelzerrung zuzog. Ihr Vater Michael Dockweiler (Königsstraße 17, 07743 Jena), der an diesem Tag frei hatte, fuhr Annette direkt zum Hausarzt Dr. Roth in Jena. Der Arzt diagnostizierte eine Muskelzerrung und hat Annette für diese Woche krankgeschrieben. Annette ist bei ihrem Vater als Familienmitglied bei der DAK mitversichert.

M
Bevor ein amtliches Formular ausgefüllt werden kann, ist es notwendig, die Erläuterungen genau durchzulesen. Diese sollen helfen, die amtlichen Formulare richtig auszufüllen.

Folgende Informationen sind u. a. für die Unfallanzeige notwendig:

1. Name und Anschrift der Einrichtung
2. Sachkostenträger, Landkreis, Stadt oder Gemeinde: Stadt Jena
3. Schlüsselnummer verwenden (31)
4. Name und Anschrift der Unfallversicherung
5. Name des Versicherten
6. Geburtsdatum des Versicherten
7. Anschrift des Versicherten
8. Angabe des Geschlechts
9. Staatszugehörigkeit
10. Name und Anschrift des gesetzlichen Vertreters bei Minderjährigen
11. Unfall mit Todesfolge?
12. Uhrzeit in 24-Stunden-Zeit angeben
13. Genaue Angabe des Unfallortes
14. Bitte detailliert den Unfallhergang schildern.
15. Bitte den am schwersten betroffenen Körperteil angeben.
16. Bitte angeben, zu welcher mutmaßlichen Verletzung der Unfall geführt hat.
17. Hat der Versicherte den Besuch der Einrichtung unterbrochen?
18. Hat der Versicherte den Besuch der Einrichtung wieder aufgenommen?
19. Wer hat den Unfall zuerst bemerkt? War diese Person Augenzeuge?
20. Name und Anschrift des Arztes/Krankenhauses, der bzw. das die Erstbehandlung durchgeführt hat
21. Genaue Zeitangabe zu Beginn und Ende des Besuchs der Einrichtung
22. Datum und Unterschrift des Einrichtungsleiters

1 Füllen Sie die Unfallanzeige aus.

UNFALLANZEIGE
für Kinder in Tageseinrichtungen, Schüler, Studierende

1 Name und Anschrift der Einrichtung (Tageseinrichtung, Schule, Hochschule)	**2** Träger der Einrichtung
4 Empfänger Bitte auswählen und mit der Eingabetaste bestätigen	**3** Unternehmensnummer des Unfallversicherungsträgers

5 Name, Vorname des Versicherten	**6** Geburtsdatum — Tag	Monat	Jahr
7 Straße, Hausnummer	Postleitzahl	Ort	
8 Geschlecht ☐ männlich ☐ weiblich	**9** Staatsangehörigkeit Bitte auswählen	**10** Name und Anschrift der gesetzlichen Vertreter	
11 Tödlicher Unfall? ☐ ja ☐ nein	**12** Unfallzeitpunkt — Tag Monat Jahr Stunde Minute	**13** Unfallort (genaue Orts- und Straßenangabe mit PLZ)	

14 Ausführliche Schilderung des Unfallhergangs (insbesondere Art der Veranstaltung, bei Sportunfällen auch Sportart)

Die Angaben beruhen auf der Schilderung ☐ des Versicherten ☐ anderer Personen

15 Verletzte Körperteile	**16** Art der Verletzung			
17 Hat der Versicherte den Besuch der Einrichtung unterbrochen? ☐ nein ☐ sofort ☐ später am	Tag	Monat	Stunde	
18 Hat der Versicherte den Besuch der Einrichtung wieder aufgenommen? ☐ nein ☐ ja, am	Tag	Monat	Jahr	
19 Wer hat von dem Unfall zuerst Kenntnis genommen? (Name, Anschrift von Zeugen)	War diese Person Augenzeuge? ☐ ja ☐ nein			
20 Name und Anschrift des erstbehandelnden Arztes/Krankenhauses	**21** Beginn und Ende des Besuchs der Einrichtung Beginn: Stunde Minute — Ende: Stunde Minute			

22 Datum	Leiter (Beauftragter) der Einrichtung	Telefon-Nr. für Rückfragen (Ansprechpartner)

Quelle: unfallkassen.de/webcom/show_article.php/_lkm_586/i.html (18.08.2008).

2.3 Gebrauchsanleitung

Verbraucher erhalten mit dem Kauf eines Gerätes oder eines Gebrauchsgegenstandes wie z. B. einem Möbelregal, einem Waschmittel oder auch bei Lebensmitteln, eine Anleitung für die Bedienung, Verwendung, Aufbau bzw. Zubereitung. Neben der schriftlichen Anleitung werden meist auch Abbildungen beigefügt. Diese sollen schnell und einfach die Anleitung verdeutlichen und Probleme mit Fachausdrücken verhindern.

R
- Die Anleitung muss einfach und verständlich sein.
- Die Anleitung muss klar gegliedert sein.
- Die Anleitung muss vom einfachen Sachverhalt zum schwierigen Sachverhalt führen.
- Die Anleitung muss von der Gesamtbetrachtung zur detaillierten Beschreibung übergehen.
- Die Anleitung muss Besonderheiten und Zusammenhänge herausstellen.

A

1 Die Inbetriebnahme des Kühlschrankes ist mit vielen „Schaubildern" versehen.
Suchen Sie aus den Abbildungen 1–5 eine Abbildung heraus und beschreiben Sie diese.

Inbetriebnahme
Operation
Mise en service
Ingebruikneming
Messa in funzione
Puesta en servicio
Colocação em funcionamento

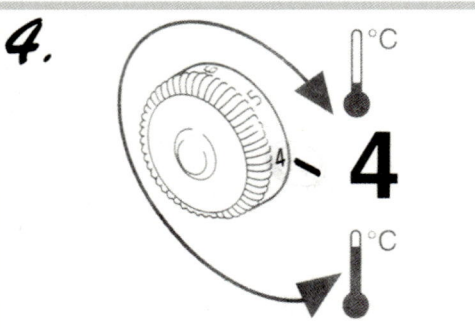

5.

2.4 Aufbauanleitung

- Bei der Aufbauanleitung ist eine klare Struktur und genaue Reihenfolge notwendig.
- Bei der Aufbauanleitung ist die schriftliche Beschreibung in kleinen Schritten sinnvoll.
- Bei der Aufbauanleitung müssen Fachbegriffe, soweit erforderlich, gut erläutert werden.

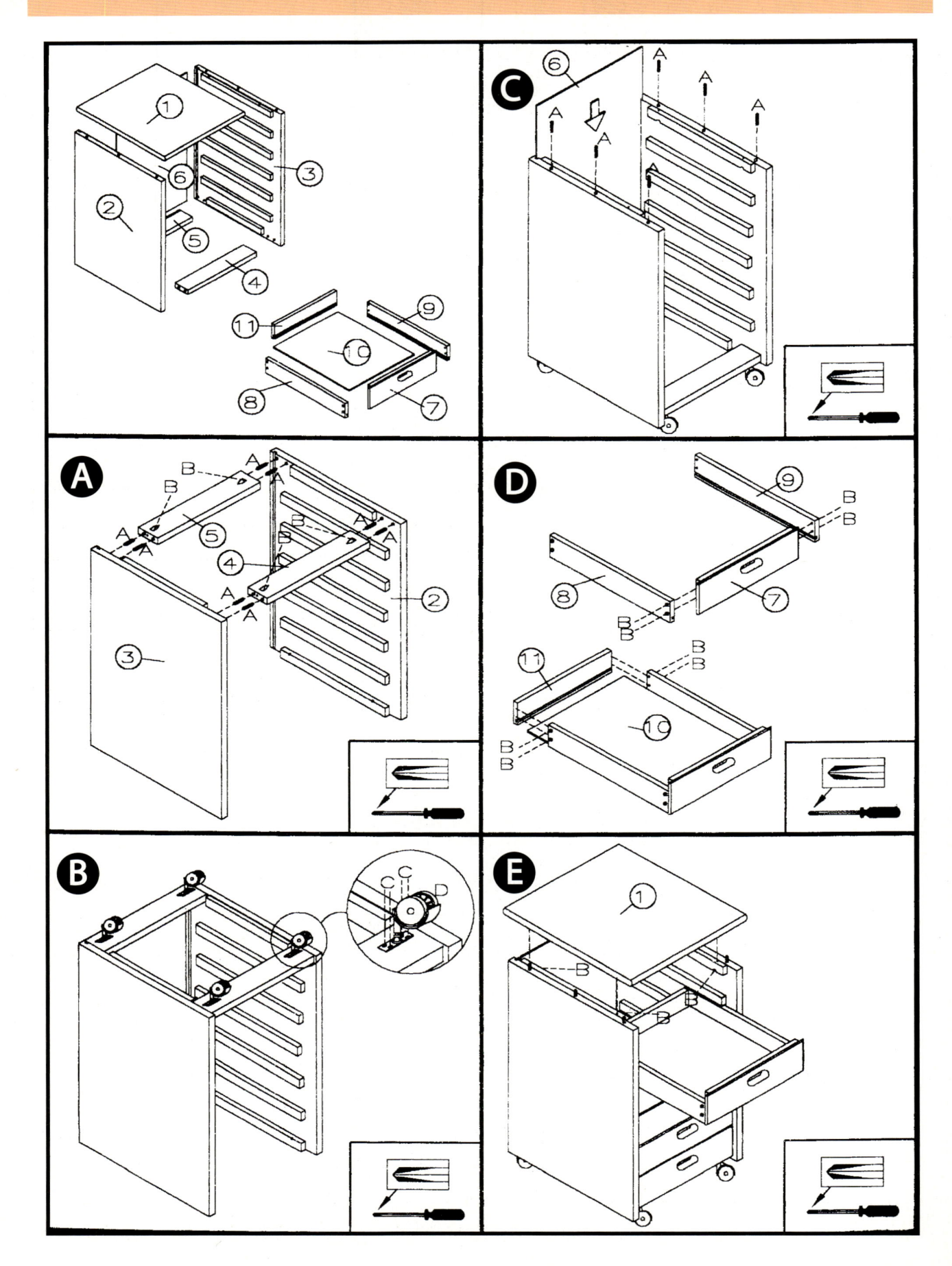

1 Notieren Sie in zehn kurzen Stichpunkten die Arbeitsschritte für den Aufbau des Rollcontainers.
2 Geben Sie Schritt für Schritt eine schriftliche Anweisung für den Aufbau des Rollcontainers (Grundlage sind die Bilder). Suchen Sie aus den Abbildungen 1–5 eine Abbildung heraus und beschreiben Sie diese.

Arbeitsschritte	Stichpunkte
1.	
2.	
3.	
4.	
5.	
6.	
7.	
8.	
9.	
10.	

Anweisung für Abbildung Nr. ☐

Lernbereich 2: Lesen, mit Texten umgehen, Schreiben

3 Schreiben Sie eine Anleitung für ein Koch- oder Backrezept, z. B. für eine Pizza oder einen Kuchen.

Zutaten	Menge

2.5 Einen Kurzvortrag halten

In der Schule, in der Berufsausbildung oder später im Beruf und im privaten Bereich wird es immer wieder Situationen geben, in denen durch einen kurzen Vortrag ein Sachverhalt erläutert wird. Wer einen Kurzvortrag hält, will seine Zuhörer in einem begrenzten Zeitrahmen informieren.

Folgende Hinweise sollen Ihnen helfen, sich für einen Kurzvortrag gut vorzubereiten:

Manuskript
- [ ] Kurze Sätze schreiben.
- [ ] Klare Struktur und Gliederung (Einleitung, Hauptteil und Schluss) beachten.
- [ ] Fragen, Antworten, Vergleiche, Überraschungen einbauen und den Vortrag auflockern.
- [ ] Fachwörter, so weit notwendig, erläutern.
- [ ] Keine komplizierten Sätze verwenden.
- [ ] Manuskriptvorlage mit großer Schriftgröße (18) schreiben.

Vortrag
- [ ] Aussprache planen, z. B. durch Markierungen im Text.
- [ ] Betonung beachten, Markierung vornehmen.
- [ ] Sprechtempo richtig einplanen, Markierung im Text.
- [ ] Beim Sprechen nicht auf das Manuskript schauen.
- [ ] Beim Lesen nicht sprechen.
- [ ] Ausnahme: Schwierige Sachverhalte im Wortlaut ablesen.

Vorbereitung
- [ ] Gründlich vorbereiten, um Lampenfieber zu vermeiden.
- [ ] Meisterleistungen erwartet niemand sofort, aber gute Vorbereitung.

Medien
- [ ] Medieneinsatz richtig planen.
- [ ] Vor- und Nachteile der Medien abwägen.
- [ ] Medien dienen zur Visualisierung.

1 Beschreiben Sie die Karikatur.
2 Worauf will sie aufmerksam machen?

Wandtafel/Flip Chart	**Vorteil**	**Nachteil**
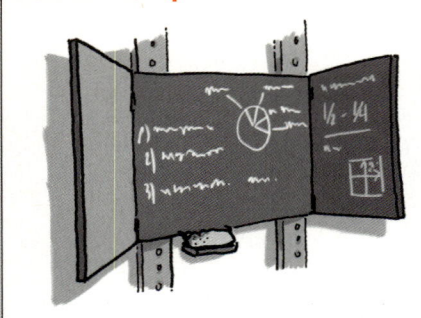	■ einfach zu handhaben ■ fast immer verfügbar ■ farbige Darstellung möglich ■ ökologisch unbedenklich	■ Gefahr, ständig zur Tafel zu sprechen ■ eventuell schwer lesbare Schrift ■ vollgeschriebene Tafeln müssen abgewischt werden – die bereits dort stehenden Informationen gehen verloren

Tageslichtprojektor	**Vorteil**	**Nachteil**
	■ schnelle und leichte Herstellung von Folien ■ Blickkontakt kann gehalten werden ■ Bilder/Diagramme können auf Folien kopiert werden	■ Nebengeräusche ■ Tendenz, zu viele Folien einzusetzen ■ Verdunkelungsproblem ■ Folien und Folienschreiber sind ökologisch nicht unbedenklich

Computer mit Beamer oder anderer Projektionsmöglichkeit	**Vorteil**	**Nachteil**
	■ vielfältige Aufbereitungsmöglichkeit von audiovisuellen Daten, Bildern, Diagrammen, Videos, Klängen ■ Diashow mit vorbereiteten Folien (PowerPoint) ■ Animation möglich ■ Blickkontakt kann gehalten werden	■ Hard- und Softwarekenntnisse sind notwendig ■ Verdunkelungsproblem ■ Verfügbarkeit der technischen Anlage ■ teuer

Quelle: http://www.foraus.de/lernzentrum/lernmodule/02_vortrag/02_set.htm, (15.01.2006).

Kapitel 2 – Umgang mit Sachtexten   85

A

Betrachten Sie die beiden Karikaturen.
1   Bereiten Sie zur in der Karikatur angesprochenen Thematik einen Kurzvortrag vor, indem Sie
    a   ein Manuskript erstellen,
    b   Ihren Kurzvortrag aufnehmen,
    c   Ihren Kurzvortrag vor der Lerngruppe halten.

Lernbereich 3 — Die schriftliche Bewerbung

1 Die schriftliche Bewerbung

1.1 Die schriftliche Bewerbung

Für eine erfolgreiche Bewerbung um einen Ausbildungsplatz ist es sinnvoll, sich genau über das Unternehmen zu informieren. Passen die Ausbildungsstelle und das Unternehmen zu meinen Vorstellungen? Zu einer Bewerbung gehören, neben den Bewerbungsunterlagen, das Vorstellungsgespräch sowie das Auswahlverfahren.

Zu den Bewerbungsunterlagen gehören:
- Das Bewerbungsschreiben
- Der Lebenslauf ggf. mit Lichtbild (Nach dem Allgemeinen Gleichbehandlungsgesetz kann ein Lichtbild nicht mehr gefordert werden, es ist jedoch immer noch sinnvoll.)
- Das letzte Schulzeugnis, nur als Kopie
- Die Bescheinigungen über Praktika, Kurse usw., nur als Kopie

---

Die **Bototech AG** ist seit 1978 ein stark wachsendes Unternehmen mit derzeit 16 Filialen in der Region Pfalz, Baden und Rheinhessen. Insgesamt tragen 180 engagierte Mitarbeiter zu dem Erfolg unseres Unternehmens bei.

Für unser Geschäft in Karlsruhe suchen wir ab 01.08.20.. eine/n motivierte/n

Auszubildende/n zum/zur IT Systemelektroniker/in,

die/der Spaß daran hat, diesen Beruf zu erlernen.

Interesse?
Dann schicken Sie Ihre vollständigen Bewerbungsunterlagen bis zum 30. März 20.. bitte an:

Bototech AG
Personalabteilung
Herrn Detlef Gossmann
Am Horstring 20
76137 Karlsruhe
Tel: 0721/933-12
www.bototech-ag.de

Ausbildung bei Dudenhöfer GmbH

Eine Investition in die Zukunft. Eine qualifizierte Berufsausbildung ist heute wichtiger denn je. Wir haben darin Erfahrung. Auszubildende werden ständig in unseren Filialen von erfahrenen Ausbildern betreut.

Zum 1. September suchen wir

Auszubildende als Bürokauffrau/Bürokaufmann

Bei mittlerer Reife oder gutem Hauptschulabschluss habe Sie die Möglichkeit, in unser lernzielorientiertes Ausbildungsprogramm einzusteigen.

Melden Sie sich bitte mit Ihren Bewerbungsunterlagen schriftlich oder online.
Dudenhöfer GmbH
Kieler Str. 23
20355 Hamburg
E-mail: personalbüro.dudenhöfer@t-online.de

Kapitel 1 – Die schriftliche Bewerbung

Bevor Sie sich auf eine Stelle bewerben, sollten Sie die Stellenanzeigen genau lesen und sich sorgfältig über die Ausbildungsstelle und das Unternehmen, das den Ausbildungsplatz anbietet, informieren.

Beantworten Sie die folgenden Fragen, indem Sie die Stellenanzeigen genau durchlesen:

1. Welche Anforderungen werden an die Bewerber gestellt?

2. Wo können Sie sich über das Unternehmen informieren?

3. Welche Informationen sollten Sie über das Unternehmen haben?

4. Wo können Sie sich über das Berufsbild informieren?

5. Welche Unterlagen werden für eine Bewerbung angefordert?

6. Welche Bewerbungsfrist muss eventuell beachtet werden?

7. Wer ist der Ansprechpartner? An wen soll die Bewerbung geschickt werden?

Lernbereich 3: Die schriftliche Bewerbung

1.2 Steckbrief

A

Was sind Ihre Fähigkeiten, Neigungen usw.?
Erstellen Sie Ihren Steckbrief, um sich auf die Bewerbung vorzubereiten.

Steckbrief

Name:

Berufswunsch:

Alter:

Dinge, die ich gut kann und gerne mache:

Dort würde ich gerne mein Praktikum/meine Ausbildung machen:

Diese Sprache beherrsche ich gut:

Damit macht es mir Spaß zu arbeiten:

Diese/s Schulfach/-fächer liebe ich besonders:

Meine Interessen/Hobbys sind:

Meine Kompetenzen liegen in folgenden Bereichen:

Dies finden meine Freunde besonders positiv an mir:

Dies war bisher mein größter Erfolg:

Dies ist mein Ziel für die nächsten zehn Jahre:

1.3 Berufe gestern und heute

Nicht jeder Berufswunsch lässt sich erfüllen. Deshalb muss die Entscheidung für einen Ausbildungsplatz sorgfältig gewählt werden. Wichtig ist dabei auch, sich rechtzeitig über neue und interessante Ausbildungsberufe zu informieren.

1 Beschreiben Sie, was die Karikatur im Hinblick auf den Wunschberuf verdeutlichen will.

2 Welche Antwort würde für heute gelten?

3 Wie haben sich die Erwartungen an den Berufswunsch in den letzten Jahrzehnten verändert?

4 Welche Berufsbilder sind neu bzw. neu geregelt worden? Informieren Sie sich auch im Internet.

Formaler Aufbau einer Bewerbung

- Seitenrand
  - rechts und links 2,5 cm, oberer Rand vier Leerzeilen
- Name, Adresse und Telefonnummer
  - oben links, danach sechs Leerzeilen
- Datum
  - steht oben rechts
- Name und Anschrift der Firma und gegebenenfalls Name der Ansprechperson
  - DIN-Norm beachten
  - danach vier Leerzeilen
- Bewerbung um einen Ausbildungsplatz als …
  - danach zwei Leerzeilen
- Anrede, entweder persönlich, wenn Sie die Ansprechperson kennen oder „Sehr geehrte Damen und Herren"
  - danach eine Leerzeile
- Es folgt der eigentliche Bewerbungstext
  - dann wieder eine Leerzeile
- Zum Abschluss sollten Sie den Wunsch nach einem persönlichen Gespräch äußern
  - danach eine Leerzeile
- Verabschiedungsformel „Mit freundlichen Grüßen"
  - drei Leerzeilen frei lassen
- Unterschrift (handschriftlich)
  - mehrere Zeilen frei lassen
- Anlagen mit dem Hinweis auf die beiliegenden Unterlagen

Darauf sollten Sie achten

- Richtige Berufsbezeichnung nennen.

- Bezug nehmen auf Stellenausschreibung oder Gespräch.

- Fehlerloser Text. Auf Rechtschreibung und Grammatik achten.

- Verwenden Sie kurze, knappe Sätze. Formulierungen kurz und präzise wählen.

- Nicht alle Sätze mit „Ich" beginnen.

- In der Gegenwart schreiben.

- Sauber und ordentlich (keine Eselsohren, Flecken, Korrekturen etc.).

- Den Text durch Absätze gliedern. Kurze, klare Sätze und eine verständliche Sprache.

- Überzeugende Formulierungen. Auf Übertreibungen verzichten.

- Die Wörter: *Glaube, vielleicht, wäre, würde, könnte* und *möchte* vermeiden! Sie zeigen Unsicherheit.

- Keine vorgefertigten Floskeln übernehmen, aber auch nicht bemüht originell schreiben.

- Eigene Fähigkeiten nennen, die für die Ausbildungsstelle von Bedeutung sind. Persönliche Eigenschaften nennen.

- Grundsätzliches Interesse sollte erkennbar sein; Inhalt sollte Interesse der Leserin/des Lesers wecken.

1.4 Das Bewerbungsschreiben

Um eine Bewerbung kommt fast niemand herum, der eine Ausbildung oder ein Praktikum absolvieren will. Aber das Gute ist: Sich nach allen Regeln der Kunst zu bewerben, das können Sie lernen. Auf den folgenden Seiten erhalten Sie Beispiele für die Unterlagen, die in eine Bewerbungsmappe gehören.

Die Visitenkarte der Bewerbung ist das Bewerbungsschreiben.

Das Bewerbungsschreiben

- Verwenden Sie weißes Papier.
  - Keine Flecken, Knicke oder Eselsohren auf dem Papier.
- Verwenden Sie eine Bewerbungsmappe, diese erhalten Sie im Schreibwarengeschäft.
  - Unterlagen nicht in Prospekthüllen einstecken.
  - Keine Schnellhefter benutzen.
  - Keine Ordner verwenden.
  - Heften Sie die Seiten nicht zusammen.
- Verwenden Sie für das Bewerbungsschreiben nur eine Seite.
  - Mehrere Seiten werden meist nicht gelesen.
  - Ausnahmen sind selten.
- Verwenden Sie mindestens einen Schriftgrad von 12 Punkten.
  - Schrifttyp sollte leicht lesbar sein z.B. Times New Roman.
  - Zeilenabstand beachten.

Sabine Sommer:

„Äußere Form, ordentliche Gliederung und ausführliche Darstellung sind wichtig. Die Bewerbung soll deutlich machen, warum man sich gerade für diese Aufgabe interessiert."

Manuel Pfizenmeyer:

„Man sollte auf äußere Form und sprachliche Formulierung – ohne Rechtschreib- und Grammatikfehler – achten. Zum Lebenslauf gehören unbedingt Erfahrungen, die man in Betrieben, etwa bei Praktika, gesammelt hat."

Saban Peter:

„Bei der schriftlichen Bewerbung muss die Form stimmen: präzise und sachliche Darstellung, gute Schrift, kein unnötiges Beiwerk oder coole Sprüche. Beim Gespräch sind angemessene Kleidung, gepflegtes Aussehen und selbstbewusstes, aber nicht überhebliches Auftreten wichtig."

Quelle: Bundesagentur für Arbeit, abi – Bewerben richtig gemacht, Seite 1, www.abi-magazin.de /200101/06.pdf (13.06.2008).

Andrea Schumann   01.03.20..
Ladenstraße 35
76886 Bad Bergzabern
Telefon: 069 123456

Bototech AG
Personalabteilung
Herrn Detlef Gossmann
Am Horstring 20
76137 Karlsruhe

Bewerbung um einen Ausbildungsplatz als IT-Systemelektronikerin

Sehr geehrter Herr Gossmann,

wie ich aus Ihrer Stellenanzeige vom 26. 02. 20.. aus der Rheinpfalz entnehmen konnte, wird Ihr Unternehmen im nächsten Jahr wieder Auszubildende einstellen. Daher möchte ich mich bei Ihnen um einen Ausbildungsplatz als IT-Systemelektronikerin bewerben.

Ich besuche zurzeit die Berufsfachschule BFII an der Berufsbildenden Schule Südliche Weinstraße in Bad Berg–zabern, die ich voraussichtlich im Juni nächsten Jahres mit der mittleren Reife verlassen werde.

Mein Wunsch IT-Systemelektronikerin zu werden steht fest, seit ich im vergangenen Jahr mein Betriebspraktikum bei einer EDV-Firma absolvierte. Computersysteme und die notwendigen Programme interessieren mich auch in meiner Freizeit. Sie können mir Ihre Antwort gerne auch als E-Mail schicken.
Meine Adresse: schumann@t-online.de

Über die Einladung zu einem Bewerbungsgespräch freue ich mich.

Mit freundlichen Grüßen

Anlagen
Lebenslauf mit Lichtbild
Zeugniskopien
Praktikumsbescheinigung

A

1   Verfassen Sie auf die Anzeige der Firma Dudenhöfer ein Bewerbungsschreiben.
2   Suchen Sie eine Stellenanzeige für Ihren gewünschten Ausbildungsberuf und verfassen Sie eine Bewerbung.

1.5 Der Lebenslauf

Der Lebenslauf sollte für Schulabgänger nicht mehr als eine DIN-A4-Seite umfassen. Er gibt Aufschluss über Ihren Werdegang und Ihre Kenntnisse. Standard ist heute die Tabellenform.

- Die äußere Form ist auch hier sehr wichtig.
- Das unlinierte Blatt wird mit „Lebenslauf" gekennzeichnet.
- Das Foto wird rechts oben aufgeklebt, sofern man es hinzufügen möchte.
- Der Lebenslauf darf keine zeitlichen Lücken aufweisen.
- Die Angaben zur Schulbildung müssen in chronologischer Reihenfolge erfolgen.
- Die Erfahrungen und Kenntnisse müssen in der Anlage durch Zeugnisse belegt werden.

1. Erstellen Sie eine Übersicht über Ihre bisherige Schulausbildung.
2. Welche zusätzlichen Kenntnisse und Fähigkeiten können Sie vorweisen?

Schule	Zeitrahmen	Erreichter Abschluss

Kenntnisse und Fähigkeiten, z. B. Fremdsprachen, Schülersprecher/in, ehrenamtliche Tätigkeiten im Verein, Computerkurse, Führerschein, Praktika …

_____

_____

_____

_____

_____

_____

_____

_____

_____

_____

_____

_____

A

1 Ergänzen Sie den Lebenslauf mit Ihren eigenen Daten. Die Zeilen dienen nur für die Übung. Übertragen Sie dann das Formular in den Computer und nutzen Sie es für Ihre Bewerbung.

Lebenslauf

Name, Vorname: _____

Anschrift: _____

Telefon: _____

Geburtsdatum: _____

Geburtsort: _____

Eltern: _____

Schulbildung: _____

Schulabschluss: _____

Lieblingsfächer: _____

Außerschulische Tätigkeiten: _____

Praktikum: _____

Besondere Kenntnisse: _____

Hobbys: _____

Ort, Datum

Unterschrift (handschriftlich)

Foto

(Ein Passbild kann vom Unternehmen nach dem Allgemeinen Gleichstellungsgesetz (AAG) nicht mehr eingefordert werden. Viele Unternehmen erachten dies jedoch immer noch als sinnvolle freiwillige Maßnahme.)

Kapitel 1 – Die schriftliche Bewerbung

1.6 Das Bewerberfoto

1. Betrachten Sie zunächst die Bewerberfotos, ohne den Text zu berücksichtigen.
2. Notieren Sie kritische Punkte, die Ihnen beim Betrachten der Fotos auffallen.
3. Vergleichen Sie Ihre Punkte mit den Anmerkungen von Herrn Andersch.

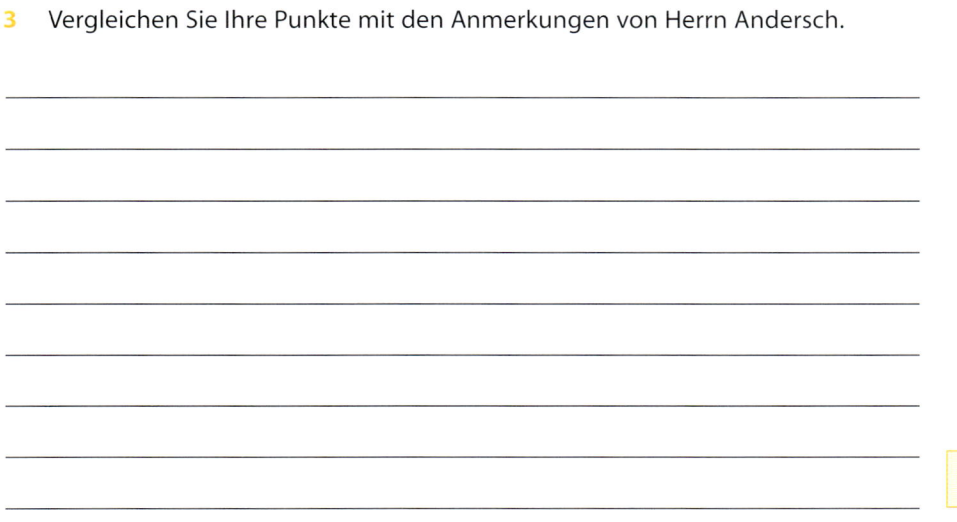

_____
_____
_____
_____
_____
_____
_____
_____
_____

In der Zeitschrift „JungeKarriere" hat Bernd Andersch Bewerberfotos analysiert und dazu Anmerkungen gemacht:

.career / BEWERBUNGS-CHECK / FOTO

Entscheidung auf den ersten Blick

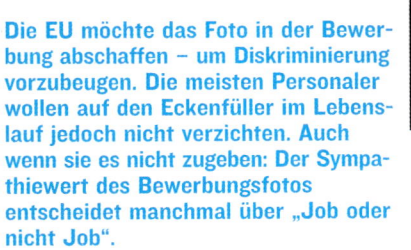

Die EU möchte das Foto in der Bewerbung abschaffen – um Diskriminierung vorzubeugen. Die meisten Personaler wollen auf den Eckenfüller im Lebenslauf jedoch nicht verzichten. Auch wenn sie es nicht zugeben: Der Sympathiewert des Bewerbungsfotos entscheidet manchmal über „Job oder nicht Job".

1 Blickkontakt_ Auf einem guten Bewerbungsfoto sieht der Kandidat dem Betrachter fest in die Augen. Der Blick ins Leere wird – wie im persönlichen Gespräch – als Schwäche interpretiert. Der Bewerber verpasst die erste Gelegenheit, einen Kontakt zu einem für ihn sehr wichtigen Menschen aufzubauen. Ein weiteres Manko dieses Fotos ist, dass es wie aus einer größeren Aufnahme ausgeschnitten wirkt.

2 Verbindlichkeit_ „Bitte ein bisschen freundlicher", hätte der Fotograf dieser Frau raten sollen. Zwar schaut sie den Betrachter offen an, doch stechender Blick und leicht geblähte Nasenflügel wirken abweisend. Am unteren Bildrand sind zudem die vor dem Körper verschränkten Arme zu erkennen – die reinste Kampfstellung.

3 Farbe_ Schwarz-Weiß macht den Bewerber keinesfalls farblos. In Zeiten der Reizüberflutung fällt die dezente Fotovariante sogar mehr auf als das übliche Farbbild. Ein erstklassiges Schwarz-Weiß-Porträt vermittelt Eleganz, Kompetenz und Professionalität.

4 Technische Qualität_ Ein Foto einzuscannen und direkt auf die Bewerbungsunterlagen zu drucken, spart bei größeren Aussendungen viel Geld. Billig darf das Ergebnis aber nicht aussehen. Eine hohe Druckauflösung ist selbstverständlich. Sehen die Farben wie hier unecht aus, sollte der Bewerber lieber schwarz-weiß drucken.

5 Lächeln_ Bewerben ist ein ernstes Geschäft. Leider wird auf dem Foto aus Ernst oft Verbissenheit. Der Strahlemann kommt besser an, weil er sich erfrischend vom Durchschnitt abhebt. Doch Vorsicht: Übertriebenes Lächeln verzerrt das Gesicht und kostet Sympathiepunkte.

6 Ausschnitt_ Wie wäre es mit einem Ganzkörperfoto, um aufzufallen, fragt sich mancher Bewerber. Hierauf gibt es eine klare Antwort: Ganzkörperfotos gehören in die Karteien von Modelagenturen, nicht jedoch in die Bewerbung. Denn die meisten Personaler denken so: „Das ist ein Egozentriker!" Vom Standard des Porträtfotos in den Maximalmaßen von 5 x 7 Zentimeter sollte nicht wesentlich abgewichen werden.

7 Kleidung_ Freizeitkleidung auf dem Bewerbungsfoto passt einfach nicht zur gedrückten Stimmung am Arbeitsmarkt. Selbst Top-Absolventen sollten sich fein machen, um die Ernsthaftigkeit der Bewerbung zu unterstreichen und keinen Zweifel an ihrer Dienstauffassung entstehen zu lassen.

8 Accessoires_ Personaler haben für alles eine Schublade. Ohrringe und -stecker (bei Männern), Piercings und auffällige Frisuren (bei Männern und Frauen) ordnen sie unter „mangelnde Reife" ein. Die Frage ist, wie wichtig einem Bewerber diese Symbole sind. Hängt seine Weltanschauung daran, soll er sie nicht für das Foto entfernen. Er muss dann damit leben, dass er einige Absagen mehr als andere Kandidaten erhält.

9 Hintergrund_ Harmonie ins Bild zu bringen, gelingt nicht jedem Fotografen. Farben und Kontraste wollen wohl dosiert sein. Auf jeden Fall flau wirkt es, wenn sich der Bewerber Ton in Ton mit dem Hintergrund präsentiert. Ebenso schlecht sind große Muster im Hintergrund – übrigens auch auf der Kleidung.

Quelle: Andersch, Bernd, jungekarriere, 10, 2002, Seite 54.

FOTOS: WWW.ATELIER-GORAL.DE; ZEFA; MARKUS GLOGER/JOKER

Das Bewerberfoto vermittelt einen ersten Eindruck. Deshalb sollten bei der Auswahl des Fotos einige Kriterien beachtet werden.

T
- ☐ Das Bewerberfoto soll in der Größe 5 x 7 cm sein.
- ☐ Das Bewerberfoto soll freundlich, natürlich sein.
- ☐ Das Bewerberfoto soll nicht älter als ein Jahr sein.
- ☐ Das Bewerberfoto soll in technisch einwandfreier Qualität sein.
- ☐ Das Bewerberfoto nicht anklammern oder anheften, sondern kleben.

1.7 Was noch zu beachten ist

Wenn Sie alle Ihre Unterlagen für die Bewerbung zusammen gestellt haben, hier noch einige wichtige Hinweise:

M
- ■ Legen Sie Ihrer Bewerbung Zeugnisse und andere Nachweise immer nur als Kopie bei.
- ■ Schicken Sie niemals die Originale.
- ■ In der Regel müssen Zeugnisse beglaubigt sein, deshalb bereits in der Schule rechtzeitig alle Zeugnisse beglaubigen lassen.
- ■ Der Briefumschlag muss größer sein als ein DIN-A4-Blatt, damit er sich mit der Bewerbungsmappe nicht wellt.
- ■ Alle Unterlagen in einer Klemmmappe aus Kunststoff zusammenfassen.
- ■ Die Farbe der Klemmmappe dezent auswählen.
- ■ Teure Bewerbungsmappen sind übertrieben und unnötig.
- ■ Der Bewerbungsbrief ist richtig und ausreichend zu frankieren.
- ■ Stets den eigenen Absender in die obere linke Ecke des Umschlages schreiben.
- ■ Der Empfänger wird unten rechts auf den Briefumschlag geschrieben.

```
Andrea Schumann
Ladenstraße 35
76886 Bad Bergzabern


                        Firma
                        Bototech AG
                        Personalabteilung
                        Herrn D. Gossmann
                        Am Horstring 20
                        76137 Karlsruhe
```

2 Die Online-Bewerbung

Viele Firmen nehmen Bewerbungen auf einen Ausbildungsplatz auch Online entgegen. Schon ca. 60 Prozent der Unternehmen stellen auf Ihrer Homepage strukturierte Online-Formulare zur Verfügung. Gerade bei großen Konzernen hat die Online-Bewerbung größere Chancen.

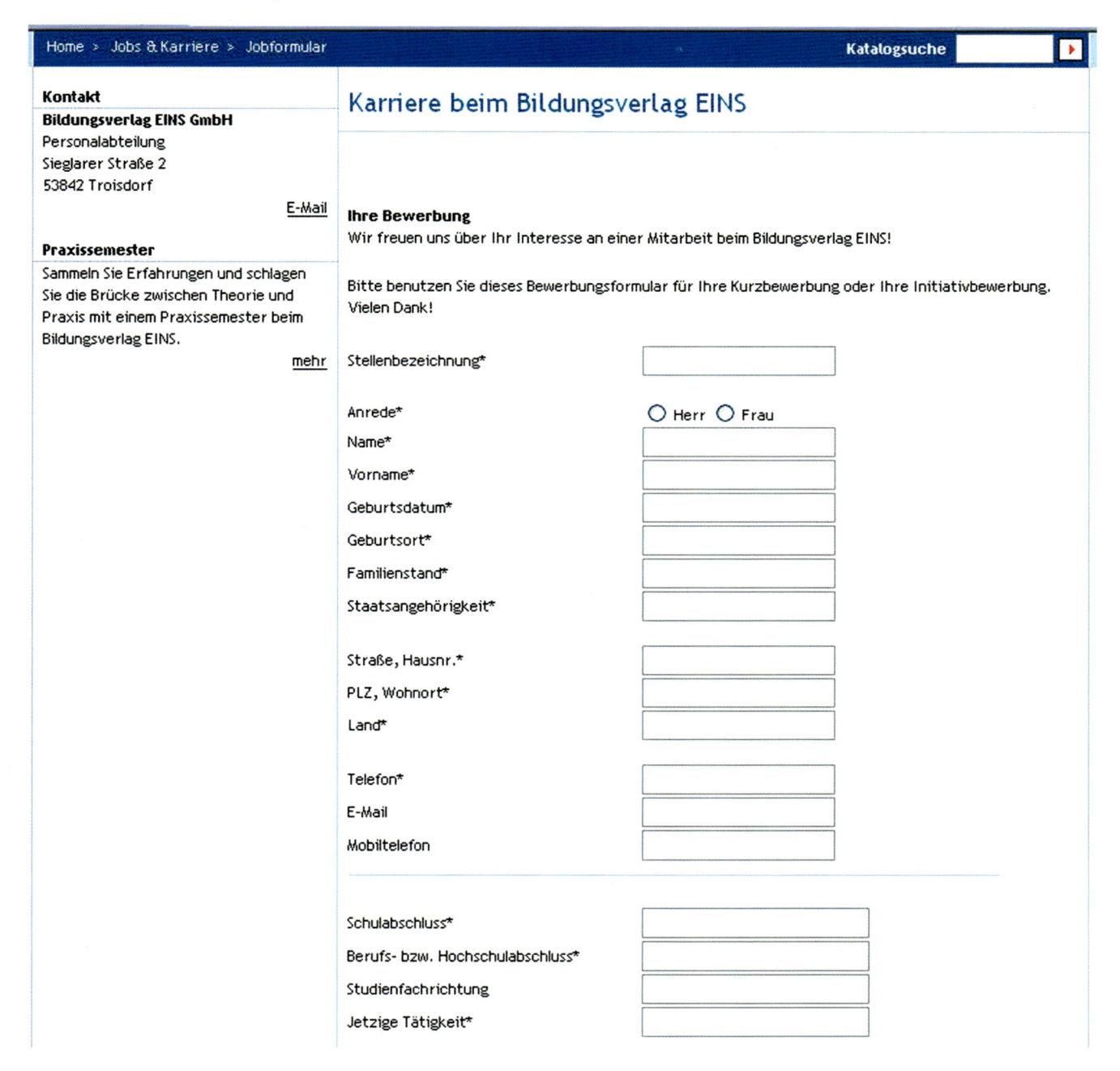

```
Home > Jobs & Karriere > Jobformular                    Katalogsuche [____] ▶

Kontakt                    Karriere beim Bildungsverlag EINS
Bildungsverlag EINS GmbH
Personalabteilung
Sieglarer Straße 2
53842 Troisdorf
                    E-Mail    Ihre Bewerbung
                              Wir freuen uns über Ihr Interesse an einer Mitarbeit beim Bildungsverlag EINS!
Praxissemester
Sammeln Sie Erfahrungen und schlagen    Bitte benutzen Sie dieses Bewerbungsformular für Ihre Kurzbewerbung oder Ihre Initiativbewerbung.
Sie die Brücke zwischen Theorie und     Vielen Dank!
Praxis mit einem Praxissemester beim
Bildungsverlag EINS.
                      mehr    Stellenbezeichnung*      [_____]

                              Anrede*                  ○ Herr  ○ Frau
                              Name*                    [_____]
                              Vorname*                 [_____]
                              Geburtsdatum*            [_____]
                              Geburtsort*              [_____]
                              Familienstand*           [_____]
                              Staatsangehörigkeit*     [_____]

                              Straße, Hausnr.*         [_____]
                              PLZ, Wohnort*            [_____]
                              Land*                    [_____]

                              Telefon*                 [_____]
                              E-Mail                   [_____]
                              Mobiltelefon             [_____]

                              Schulabschluss*              [_____]
                              Berufs- bzw. Hochschulabschluss*  [_____]
                              Studienfachrichtung          [_____]
                              Jetzige Tätigkeit*           [_____]
```

1. Haben Sie eine E-Mail-Adresse? Richten Sie eine E-Mail-Adresse ein.
2. Informieren Sie sich zuerst auf der Homepage vom Bildungsverlag EINS unter „Job & Karriere" (http://www.bildungsverlag1.de/wps/portal)
3. Gehen Sie auf die Homepage vom Bildungsverlag EINS oder eines Unternehmens Ihrer Wahl und füllen Sie die Online-Bewerbung aus.

A

Eine ausführliche Online-Bewerbung ist angebracht, wenn es die Firma ausdrücklich verlangt. Schicken Sie Ihre Bewerbung als E-Mail mit vollständigen Unterlagen im Anhang. Um lange Übertragungs- und Öffnungszeiten zu vermeiden, sollte die Datei nicht größer als ein Megabyte sein.

Spielregeln für eine Online-Bewerbung

- Ihre E-Mail Adresse soll auf Ihren Namen lauten, Phantasienamen sind nicht angebracht.
  - Richten Sie sinnvollerweise eine eigene E-Mail-Adresse für die Bewerbung ein.
  - Richtig: andrea.müller@t-online.de Falsch: anmü@t-online.de.

- Nutzen Sie, falls auf der Internet-Seite des Unternehmens vorhanden, die angebotenen Online-Bewerbungsformulare.

- Füllen Sie die Online-Bewerbungsformulare vollständig aus.
  - Lesen Sie die Anleitungen vorher sorgfältig durch.
  - Nur vollständige Bewerbungen können und werden berücksichtigt.

- Schicken Sie Ihre Online-Bewerbung als Test-Bewerbung erst an Ihre eigene Adresse.
  - Technische Fehler beim Betreff oder Umlaute und Sonderzeichen fallen dann auf.

- Die Online-Bewerbung unterscheidet sich inhaltlich und formal nicht von der „klassischen Bewerbung".
  - Sie sollten die Online-Bewerbung mit der gleichen Sorgfalt erstellen wie eine herkömmliche Bewerbung.
  - Keinen lockeren Umgangston verwenden.
  - Die Unterlagen zur Kontrolle vorher ausdrucken.

- Der Anhang der Online-Bewerbung muss eingescannt werden.
  - Beim Lebenslauf mit eingescanntem Foto und bei den eingescannten Zeugnissen usw. auf saubere und einwandfreie Übertragung achten.

Lernbereich 4 — Vorstellungsgespräch führen und auswerten

1 Der Einstellungstest

Wenn Ihre Bewerbung Interesse beim Unternehmen geweckt hat, werden Sie zu einem Einstellungstest eingeladen. Auf Einstellungstests können Sie sich gut vorbereiten.

1 Fragen Sie im Ausbildungsbetrieb nach, welche Aufgabentypen Sie erwarten.
Welche Aufgabentypen kommen infrage?

_____
_____
_____
_____
_____

2 Mit verschiedenen Trainingsbüchern können Sie sich auf den Einstellungstest vorbereiten.
Finden Sie Trainingsbücher sowie entsprechende Internetseiten.

_____
_____
_____
_____
_____
_____
_____

3 Wiederholen Sie die wichtigsten Rechtschreib- und Zeichensetzungsregeln. Nennen Sie diese.

_____
_____
_____
_____

- Bewahren Sie beim Test die notwendige Ruhe.
  – Ausgeschlafen sein, rechtzeitig eintreffen, ...
- Nehmen Sie Stifte mit.
  – Textmarker, Füller, Kugelschreiber, Bleistift, ...
- Hören Sie aufmerksam bei der Einführung zu.
  – Notieren Sie sich Fragen, stellen Sie diese im Anschluss.
- Grübeln Sie nicht zu lange über einzelne Fragen nach.
  – Nicht alle Fragen können bearbeitet werden.
  – Wichtig ist es, viele Aufgaben richtig zu lösen.

Lernbereich 4: Vorstellungsgespräch führen und auswerten

Welche Schreibweise ist richtig?
a unentgeltlich
b unentgeldlich
c unendgeltlich
d unendgeldlich

Welches Drama von Schiller handelt von dem Schweizer Nationalhelden?
a Maria Stuart
b Wilhelm Tell
c Die Räuber
d Don Carlos

Wer schrieb die Physiker?
a Max Frisch
b Adolf Muschg
c Friedrich Dürrenmatt
d Robert Walser

Wie heißt die Gegenspielerin von Maria Stuart im gleichnamigen Drama von Schiller?
a Beatrix
b Elisabeth
c Caroline
d Margarete

Finden Sie die zusammengehörenden Worte. Von fünf Wörtern sind vier einander ähnlich. Finden Sie das Wort, das nicht passt.
a verängstigt
b verunsichert
c beunruhigt
d bedroht
e verstimmt

a identisch
b kongruent
c gleich
d ähnlich
e symmetrisch

a gebohrt
b gehobelt
c geschliffen
d poliert
e gewalzt

Finden Sie zu dem vorgegebenen Wort ein zweites mit gleicher oder ähnlicher Bedeutung.
hämisch
a verschlagen
b verstohlen
c neidisch
d bitter
e schadenfroh
f spöttisch

perfekt
a gescheit
b vollkommen
c begrenzt
d regelmäßig
e richtig
f treulos

Konvoi
a Südfrucht
b Verbindung
c Vertrauen
d Überzeugung
e Gastmahl
f Geleitzug

Die Buchstaben der Wörter sind durcheinander geraten. Welches Wort steckt dahinter?
a S H I T C _____
b P E M L A _____
c G N Ö I K _____
d P S U E P _____
e R E H C E R P S T U A L _____
f G Z F L E U U G _____

Denken Sie sich Worte mit dem Anfangsbuchstaben K und dem Endbuchstaben R aus. Sie haben fünf Minuten Zeit.

_____
_____
_____
_____
_____
_____
_____
_____
_____
_____
_____
_____

Für diesen Test haben Sie 20 Minuten Zeit.

Kapitel 1 – Der Einstellungstest

A

Verbessern Sie die falsch geschriebenen Wörter.

a Anektote _____
b Sattelit _____
c Invendur _____
d Methode _____
e Rytmus _____
f Filliale _____
g Maketing _____
h Apoteke _____
i Frese _____
j Bilanz _____
k Psysche _____

Finden Sie das entsprechende Wort und kreuzen Sie es an.

Brot : Wein = Getreide : ….?
a Weizen
b Butter
c Becher
d Flasche
e Traube

hoch : tief = kurz : …..?
a weit
b breit
c schnell
d lang
e unendlich

Im folgenden Text sind acht Rechtschreibfehler und drei Kommafehler. Verbessern Sie die Fehler und schreiben Sie den Text richtig ab.

Beim Einstelungstest, sowie beim Vorstellungsgespräch ist eine gute vorbereitung wichtig. Ausserdem sollen Sie ausgerut und pünktlich zu allen Termienen erscheinen. Schreibuttensilien wie Textmarker Bleistift und Kugelschreiber müßen mitgebracht werden. Wenn Sie beim Test etwas nicht verstehen fragen sie sofort.

Lernbereich 4: Vorstellungsgespräch führen und auswerten

2 Das Vorstellungsgespräch

Nachdem die Bewerbungsunterlagen einen guten Eindruck beim „zukünftigen" Ausbildungsbetrieb hinterlassen haben und Sie in die engere Auswahl gezogen wurden, werden Sie zu einem Vorstellungsgespräch eingeladen. Im Vorstellungsgespräch kommt es darauf an, dass Sie auch persönlich überzeugen und es ist deshalb wichtig, sich gut vorzubereiten und das Vorstellungsgespräch zu trainieren.

R

Stephanie Schmelz
Im Vorstellungsgespräch sind selbstbewusstes Auftreten und ein gepflegtes Äußeres von Vorteil. Man sollte vor dem Gespräch sicher sein, was man erreichen möchte und wo die eigenen Stärken liegen, um diese herausstellen zu können. Außerdem ist es wichtig, sich vorher über den Betrieb zu informieren.

Marlene Pitz
Beim Vorstellungsgespräch zählen: Kompetentes Auftreten, sachliche Beantwortung der Fragen, gepflegtes Aussehen, keine verschlossene Haltung, sich gut verkaufen, nicht übertreiben, Hochdeutsch sprechen.

Ablauf eines Vorstellungsgesprächs
1. Begrüßung und kurze Vorstellung der Teilnehmer des Gesprächs und „Smalltalk".
2. Fragen nach der Berufswahl, um Ihr Interesse zu erkunden.
3. Erfahrungen aus Schule und Praktika, die mit den Tätigkeiten des Ausbildungsberufes in Zusammenhang stehen.
4. Fragen zu Ihren privaten Interessen, z. B. Hobbys, die Sie im Bewerbungsschreiben angegeben haben.
5. Fragen zum Unternehmen und der Ausbildung, über die Sie sich vorher informiert haben.
6. Fragen, die Sie als Bewerberin oder Bewerber an die Teilnehmer des Gespräches noch haben.
7. Verabschiedung

Quelle: Bundesagentur für Arbeit, abi – Bewerben aber richtig gemacht, Seite 1, www.abimagazin.de/200101/06.pdf (13.06.2008).

T
Checkliste zur Vorbereitung
- ☐ Termin für das Vorstellungsgespräch bestätigen.
- ☐ Sich über das Unternehmen informieren und Stichwortzettel anlegen.
- ☐ Antworten auf persönliche Schwachpunkte überlegen.
- ☐ Aussagen für die Gründe der Berufswahl und des Ausbildungsbetriebes vorbereiten.
- ☐ In einem Rollenspiel oder mit Freunden den Ablauf des Gesprächs trainieren.
- ☐ Anreiseweg planen und Reservezeit von 15 Minuten einplanen.
- ☐ Kleiderfrage klären und sich von Freunden beraten lassen.
- ☐ Bewerbungsunterlagen noch einmal durchlesen.
- ☐ Gut ausgeruht und offen in das Gespräch gehen.
- ☐ Sich die „Gesprächsregeln" noch einmal durchlesen.
- ☐ Eigene Fragen zur Ausbildung vorbereiten.

Eine gute Vorbereitung auf das Vorstellungsgespräch ist ein Rollenspiel.
1   Bereiten Sie sich mit den folgenden Rollenkarten in Ihrer Lerngruppe auf ein Rollenspiel vor.

Rollenkarte: Auszubildende/Auszubildender

Sie haben sich bei der Firma Bototech AG um einen Ausbildungsplatz beworben. Lesen Sie dazu noch einmal die Stellenanzeige und die Bewerbung durch.
1   Welche Fragen werden von der Firma Bototech AG an Sie gerichtet? Schreiben Sie zehn Fragen auf, die Sie beantworten, um sich auf das Gespräch gut vorzubereiten.
2   Welche Fragen werden Sie an die Firma Bototech AG haben? Schreiben Sie zehn Fragen auf, die Sie gerne von der Firma Bototech beantwortet haben möchten.

Rollenkarte: Personalchefin/Personalchef

Sie sind Personalchefin/Personalchef der Firma Bototech AG und haben die Stellenanzeige aufgegeben.
1   Welche Fragen werden Sie an die Bewerberin/den Bewerber richten? Schreiben Sie zehn Fragen auf, die Sie an die Bewerberin/den Bewerber stellen werden.
2   Welche Fragen erwarten Sie von der Bewerberin/dem Bewerber? Schreiben Sie zehn Fragen auf, die Sie erwarten und beantworten Sie diese.

Lesen Sie das folgende Beispiel durch, um sich auf das Rollenspiel vorzubereiten

Locker bleiben

Zehn Vorstellungsgespräche hat Marius Meik hinter sich. Den Ausbildungsplatz fand er bei einer Firma, die Lacke herstellt. Sein Ziel ist Industriekaufmann.

Natürlich bedeutet eine Absage erst einmal viel Frust. Mit jedem Vorstellungsgespräch wurde ich jedoch sicherer und gelassener. Auf heikle Fragen reagierte ich nicht mehr so überrascht. Lächeln ist ganz wichtig. Denn was macht das für einen komischen Eindruck, wenn ich mit unbewegter Miene von meiner Lieblingssportart Tennis erzähle?
Noch gut erinnere ich mich an mein allererstes Gespräch mit einem Abteilungsleiter. Ich hatte mir die Atmosphäre ziemlich steif vorgestellt und war überrascht, wie frei ich reden konnte. Der ältere Herr erzählte mir einiges über das Unternehmen und fragte mich anschließend, wie ich meine Freizeit verbringe und was mir in der Schule besonders Spaß gemacht hat. Dann wollte er von mir wissen, was ich mir unter einem Industriekaufmann vorstelle.
Da ich mich über den Beruf vorher in einem persönlichen Gespräch und im BIZ gründlich informiert hatte, beantwortete ich die Frage ohne Probleme. Die Aufforderung, jeweils drei negative und positive Eigenschaften zu nennen, die mein Bruder mir zuordnen würde, hat mich leicht verunsichert. Sollte ich sagen, Supersportsmann, bester Bruder der Welt, streite zu oft, beharrt auf seinem Recht? Ich atmete tief durch und stellte mich so dar, wie ich bin.
Als ich nach Schwächen gefragt wurde, habe ich sie genannt, aber auch hinzugefügt, dass ich etwas dafür tun werde, um sie zu beheben. Ich kenne mich zum Beispiel gut mit Excel aus, aber mit Powerpoint hapert es. Deshalb sagte ich, dass ich einen Kurs besuchen werde. Eine beliebte Frage ist auch die nach der Zukunft: Wo möchten Sie gerne in zehn Jahren sein? Darauf sagte ich jedes Mal: Zuerst will ich mein Ausbildungsziel erreichen und dann erst weiter sehen.
Bei einem Unternehmen nahm ich an einem Gruppengespräch mit sieben Bewerbern teil. Der Nachteil einer solchen Runde ist, dass man öfter als letzter an die Reihe kommt. Auf die Frage, warum ich ausgerechnet hier meine Ausbildung machen möchte, fiel mir nicht mehr viel ein, denn meine Vorredner hatten bereits alles gesagt. Trotzdem legte ich die Gründe für meine Wahl dar: Ein Weltunternehmen wie Dupont ermöglicht einem später die Chance, ins Ausland zu gehen.

Quelle: Bundesagentur für Arbeit, abimagazin Ausgabe 01/2003, Seite 13.

Lernbereich 4: Vorstellungsgespräch führen und auswerten

A

1. Notieren Sie hier Ihre Fragen für das Rollenspiel.
2. Vergleichen Sie Ihre Antworten mit denen der Teilnehmer des Rollenspiels.

Fragen, die Sie als **Bewerberin/Bewerber** an die Firma Bototech AG stellen werden:

Fragen, die Sie als **Personalchef/Personalchefin** der Firma Bototech AG stellen:

3 Mind-Map: Von der Bewerbung bis zur Einstellung

Erstellen Sie eine Mind-Map zum Thema Bewerbung, die Ihnen als Checkliste behilflich ist.

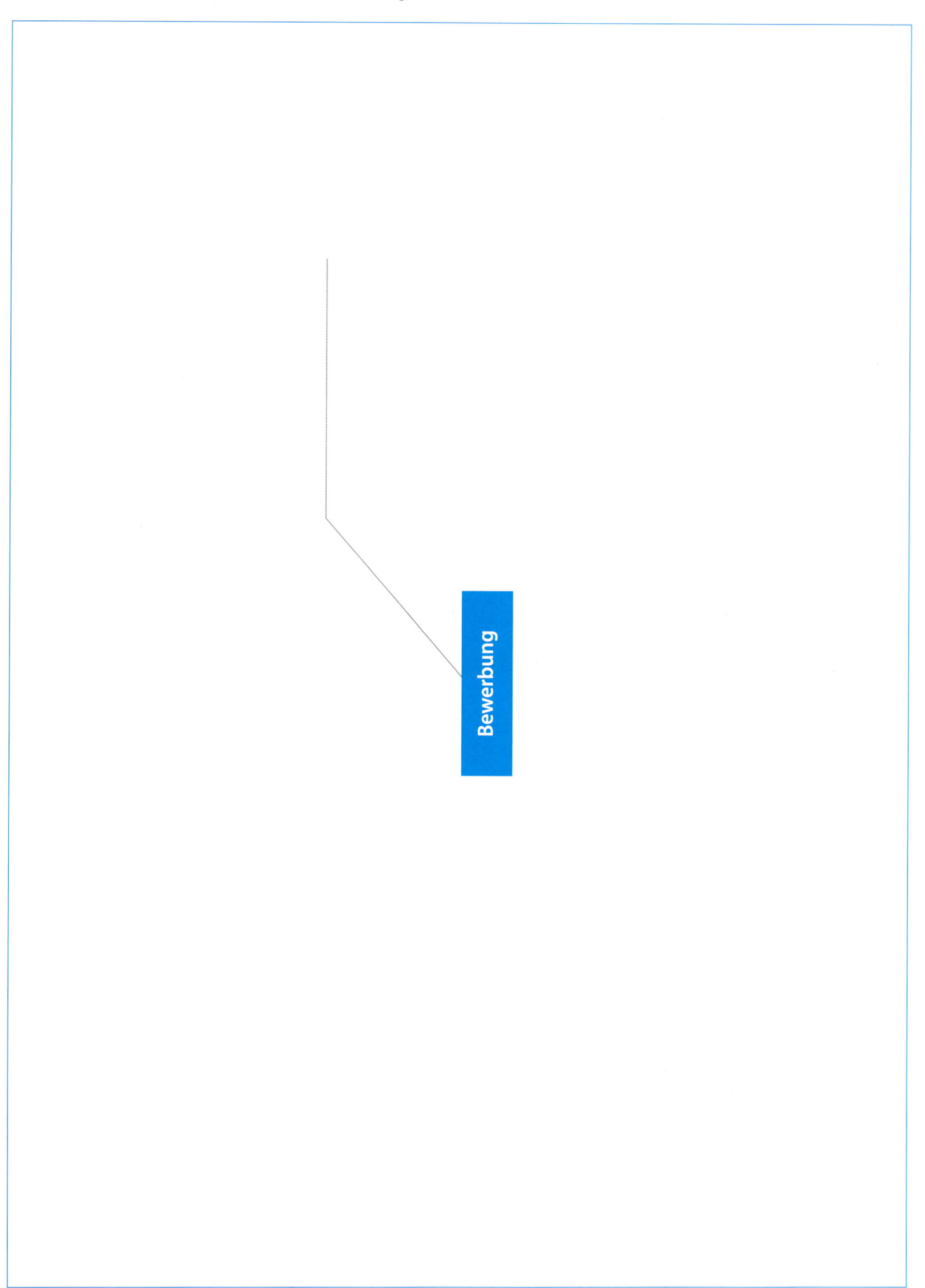

Bewerbung

Lernbereich 5   Mit Konflikten umgehen

1 Konfliktsituationen

1.1 Konflikte beschreiben

In allen Lebensbereichen ist es für Sie nützlich zu wissen, wie Sie mit Konflikten angemessen umgehen. Verschiedene Konfliktsituationen sind durch unterschiedliche Lösungsstrategien zu bewältigen.

Beschreiben Sie die verschiedenen Phasen des Konfliktes.

_____
_____
_____
_____
_____
_____
_____
_____
_____
_____
_____
_____
_____
_____

1.2 Konflikte in der Fabel

Der Fuchs und der Hahn

Ein Hahn saß auf einem hohen Gartenzaun und kündete mit lautem Krähen den neuen Tag an. Ein Fuchs schlich um den Zaun herum und blickte verlangend zu dem fetten Hahn empor.
„Einen schönen guten Morgen", grüßte der Fuchs freundlich, „welch ein
5 herrlicher Tag ist heute!" Der Hahn erschrak, als er seinen Todfeind erblickte, und klammerte sich ängstlich fest.
„Brüderchen, warum bist du böse mit mir? Lass uns doch endlich Frieden schließen und unseren Streit begraben." Der Hahn schwieg noch immer. „Weißt du denn nicht", säuselte der Fuchs mit sanfter Stimme,
10 „dass der König der Tiere den Frieden ausgerufen hat? Er hat mich als seinen Boten ins Land geschickt. Komm schnell zu mir herunter, wir wollen unsere Versöhnung mit einem Bruderkuss besiegeln. Aber beeile dich, ich habe noch vielen anderen diese freudige Nachricht zu bringen." Der Hahn schluckte seine Furcht hinunter und sagte sich: „Diesem verlo-
15 genen Gauner komme ich nur mit seinen eigenen Waffen bei." Und mit gespielter Freude rief er: „Mein lieber Freund, ich bin tief gerührt, dass auch du des Königs Friedensbotschaft verbreitest. Ja, lass uns Frieden schließen. Es trifft sich gut, denn gerade sehe ich zwei andere Boten auf uns zueilen. Wir wollen auf sie warten und gemeinsam das glückliche
20 Fest feiern. Du kennst sie recht gut, es sind die Wachhunde des Gutsherrn." Kaum hatte der Fuchs diese Kunde vernommen, war er aufgesprungen und eiligst davongerannt. […]

nach Jean de la Fontaine

Jean de La Fontaine (* 8. Juli 1621 in Château-Thierry (Champagne); † 13. April 1695 in Paris) war ein französischer Schriftsteller. Er gilt in Frankreich als einer der größten Klassiker und ist noch heute mit seinen Fabeln jedem bekannt.

Tierfabeln sind Fabeln, in denen Tiere wie Menschen handeln. Dabei kommen manche Tiere recht oft vor, wie beispielsweise der Wolf, die Eule, der Fuchs. Diese Tiere haben meist Eigenschaften, die sich in fast allen Fabeln gleichen. Der Fuchs ist dort der Schlaue, Listige, der nur auf seinen Vorteil bedacht ist. Die Eule ist die weise und kluge Person. Die Gans gilt als dumm, der Löwe als mutig, die Schlange als hinterhältig.
In der Tierfabel wird der personifizierte Charakter des Fabeltieres durch einen charakteristischen Fabelnamen unterstrichen.

Quelle: http://de.wikipedia.org/wiki/Fabel (12.06.2008)

---

1 Wer sind die Beteiligten in der Fabel?

2 Worum geht es in der Fabel?

3 Welche offenen und versteckten Ziele haben Fuchs und Hahn?

4 Welcher Konflikt entsteht daraus für den Hahn?

5 Wie löst er diesen Konflikt?

2 Gesprächsregeln

In der Schule unterhalten sich während der Pause die Freundinnen Sylvia und Zeynep.

Sylvia: „Was ist los Zeynep, du warst heute so ruhig in der Klasse?"
Zeynep: „Wir haben heute die Klassenarbeit in Mathe bekommen und ich wollte mit unserem Mathelehrer über die Punkte sprechen. Aber er hat mich einfach stehen lassen!"
Sylvia: „Mit dem haben viele Mädchen in meiner Klasse auch Probleme."
Zeynep: „Aber die Jungs haben keine Probleme mit ihm. Für die hat er immer ein offenes Ohr!"
Sylvia: „Dagegen sollten wir etwas unternehmen!"
Zeynep: „Ich glaube auch, weil ich Türkin bin, habe ich schlechte Karten bei ihm."
Sylvia: „Wir sollten mal mit der Schülervertretung und dem Vertrauenslehrer sprechen."
Zeynep: „Du hast Recht, ich werde mit Alina von der SMV sprechen."

Rollenkarte Sylvia
Sylvia geht in die BF Ia und ist die beste Freundin von Zeynep. Sie ist Klassensprecherin ihrer Klasse. Sylvia hat selbst schon schlechte Erfahrungen mit dem Mathematiklehrer Glos gemacht, konnte sich aber meistens durchsetzen. Sie findet die Behandlung von Zeynep, nur weil sie Türkin ist, unfair.

Rollenkarte Glos
Herr Glos ist schon seit 25 Jahren Mathematiklehrer an der BBS. Für seine Notengebung verwendet er schon seit Jahren den gleichen Schlüssel, er ist der Meinung, dass Jungen in naturwissenschaftlichen Fächern in der Regel besser sind als Mädchen.
Besonders mit ausländischen Schülerinnen und Schülern hat er schlechte Erfahrungen gemacht. Seiner Meinung nach liegt das meist an den mangelhaften Sprachkenntnissen.

Rollenkarte Schülervertretung
Alina ist Schülervertreterin an der BBS. Sie kennt den Mathematiklehrer Herrn Glos aus eigener Erfahrung. Sie versucht, den Konflikt zwischen Zeynep und Herrn Glos zu lösen.

Rollenkarte Vertrauenslehrer
Herr Wilhelm ist seit fünf Jahren Vertrauenslehrer an der BBS.
Er kennt die Situation von Zeynep, die ihn schon des Öfteren angesprochen hat.
Herr Wilhelm versucht, eine Lösung für alle Beteiligten zu finden.

Rollenkarte Zeynep
Zeynep besucht die BF Ib. Sie wohnt seit 10 Jahren in Deutschland und kommt aus Ankara. Bisher war sie immer gut in Mathematik gewesen. Seit sie bei Herrn Glos im Unterricht sitzt, sind ihre Noten deutlich schlechter geworden. Sie hat das Gefühl, dass die Jungen der Klasse bei gleicher Leistung bessere Noten bekommen. Zeynep führt das darauf zurück, dass sie ein türkisches Mädchen ist.

A
1. Lesen Sie das Fallbeispiel mit verteilten Rollen.
2. Führen Sie mit Hilfe der Rollenkarten ein Rollenspiel durch.

1 Erarbeiten Sie in Gruppenarbeit Gesprächsregeln.
2 Erstellen Sie gemeinsam ein Plakat mit den Gesprächsregeln.
3 Präsentieren Sie Ihre Ergebnisse gemeinsam in der Lerngruppe.
4 Notieren Sie die Gesprächsregeln.

5 Prüfen Sie mithilfe des Artikels, ob es sich im obigen Fall um Mobbing handelt.

Was ist Mobbing?

Nicht jeder Streit und jede Schikane ist bereits Mobbing. Die Gesellschaft gegen psychosozialen Stress und Mobbing (GpsM) e.V. versteht unter Mobbing „eine konfliktbelastete Kommunikation am Arbeitsplatz unter Kollegen oder zwischen Vorgesetzten und Untergebenen, bei der die angegriffene Person unterlegen ist und von einer oder mehreren anderen Personen systematisch und während längerer Zeit direkt oder indirekt angegriffen wird mit dem Ziel und/oder dem Effekt des Ausstoßes und die angegriffene Person dies als Diskriminierung erlebt". Mobbing geschieht vor allem in „Zwangsgemeinschaften", wie in der Arbeitswelt, Schule, Ausbildungseinrichtungen o.Ä., denn diese Bereiche können nicht ohne Weiteres verlassen werden.

In feiwilligen Zusammenschlüssen wie Sportvereinen oder Freizeitclubs taucht Mobbing weniger auf, ganz einfach deshalb, weil derjenige, der sich nicht akzeptiert fühlt, sich einen anderen Verein oder ein anderes Hobby suchen kann. Typisch für Mobbing ist, dass es sich gegen „als unterlegen empfundene" Einzelpersonen richtet, systematisch geschieht und über einen längeren Zeitraum andauert. Mobber sind Heckenschützen, sie gehen sehr subtil vor. Mobbingopfer befinden sich subjektiv oft in einer ausweglosen Situation und können nur selten Hilfe mobilisieren.

Quelle: Gugel, Günther: Mobbing, in: Themenblätter im Unterricht, Nr. 16, hrsg. v. Bundeszentrale für politische Bildung, Bonn, 2002

Lernbereich 5: Mit Konflikten umgehen

3 Konfliktlösungen

A

Folgende Beispiele zeigen verschiedene Konflikte.
1. Überlegen Sie, weshalb sich die verschiedenen Konfliktparteien so verhalten.
2. Unterbreiten Sie Vorschläge, wie diese Konflikte gelöst werden können.

1 Zeynep fühlt sich vom Mathematiklehrer unfair behandelt.

2 Herr Glos fühlt sich durch die Fragen von Zeynep belästigt.

3 Andrea hat ein lautes Organ und lässt andere Schüler kaum zu Wort kommen.

4 Weil Zeynep Ausländerin ist, wird sie von einigen Mitschülerinnen nicht zu Partys eingeladen.

5 Helene hat zu nichts Lust und nörgelt an allem herum.

6 Anton und Antonia arbeiten zu zweit und wollen mit anderen nicht zusammenarbeiten.

7 Gerd lässt bei einer Gruppenarbeit gerne die anderen für sich arbeiten.

8 Christian ist ein Besserwisser und will immer Recht behalten.

9 Stefan ist arrogant und angeberisch. Dadurch nervt er die anderen Schüler.

10 Helmut und Rainer streiten sich häufig, keiner will nachgeben.

11 Murat wird wegen seiner schlechten Deutschkenntnisse ausgelacht.

12 Hans nimmt andere gerne auf den Arm und ärgert sie.

Kapitel 3 – Konfliktlösungen

Fall	Konflikte	Vorschlag zur Konfliktlösung
1		
2		
3		
4		
5		
6		
7		
8		
9		
10		
11		
12	Konflikte	Vorschlag zur Konfliktlösung

Lernbereich 5: Mit Konflikten umgehen

A
1. Erarbeiten Sie in Gruppenarbeit Konfliktregeln.
2. Erstellen Sie gemeinsam ein Plakat mit den Konfliktregeln.
3. Präsentieren Sie Ihre Ergebnisse gemeinsam in der Lerngruppe.